essentials

Essentials liefern aktuelles Wissen in konzentrierter Form. Die Essenz dessen, worauf es als „State-of-the-Art" in der gegenwärtigen Fachdiskussion oder in der Praxis ankommt. Essentials informieren schnell, unkompliziert und verständlich.

- als Einführung in ein aktuelles Thema aus Ihrem Fachgebiet
- als Einstieg in ein für Sie noch unbekanntes Themenfeld
- als Einblick, um zum Thema mitreden zu können.

Die Bücher in elektronischer und gedruckter Form bringen das Expertenwissen von Springer-Fachautoren kompakt zur Darstellung. Sie sind besonders für die Nutzung als eBook auf Tablet-PCs, eBook-Readern und Smartphones geeignet.

Essentials: Wissensbausteine aus Wirtschaft und Gesellschaft, Medizin, Psychologie und Gesundheitsberufen, Technik und Naturwissenschaften. Von renommierten Autoren der Verlagsmarken Springer Gabler, Springer VS, Springer Medizin, Springer Spektrum, Springer Vieweg und Springer Psychologie.

Wolfgang Schönpflug

Psychologie – historisch betrachtet

Eine Einführung

Prof. Dr. Wolfgang Schönpflug
Wissenschaftsbereich Psychologie
Freie Universität Berlin
Habelschwerdter Allee 45
14195 Berlin
Deutschland

ISSN 2197-6708   ISSN 2197-6716 (electronic)
essentials
ISBN 978-3-658-11471-8   ISBN 978-3-658-11472-5 (eBook)
DOI 10.1007/978-3-658-11472-5

Die Deutsche Nationalbibliothek verzeichnet diese Publikation in der Deutschen Nationalbibliografie; detaillierte bibliografische Daten sind im Internet über http://dnb.dnb.de abrufbar.

Springer

Gedruckt auf säurefreiem und chlorfrei gebleichtem Papier

Springer Fachmedien Wiesbaden ist Teil der Fachverlagsgruppe Springer Science+Business Media
(www.springer.com)

Vorwort

Psychologie ist in der Moderne eine eigenständige Wissenschaft und ein akademischer Beruf geworden. Die folgenden Kapitel führen zu zehn Schwerpunkten psychologischer Lehre, Forschung und Praxis. Im steten Rückblick auf Ursprünge und Entwicklungen psychologischer Konzeptionen und Verfahren sollen die Grundzüge gegenwärtiger Ansätze erklärt werden, aber auch deren Unterschiedlichkeit, ja häufige Widersprüchlichkeit. Bleibt Psychologie, wie sie geworden ist? Mit dieser Frage befasst sich das abschließende elfte Kapitel.

Meine Essentials habe ich aus zahlreichen Quellen extrahiert. Gern hätte ich alle Quellen sowie den Vorgang der Extraktion ausführlicher behandelt. Aber dann wäre dieses Büchlein unhandlich dick oder seine Schrift unleserlich klein. Die Kapitel habe ich nicht in der Reihenfolge geschrieben, in der sie gedruckt sind; man braucht sie in dieser Reihenfolge auch nicht zu lesen.

Dr. Reinald Klockenbusch vom Springer Verlag danke ich für Anregung und Unterstützung.

Berlin, Juli 2015   Wolfgang Schönpflug

Was Sie in diesem Essential finden können

- Zehn Schwerpunkte der gegenwärtigen Psychologie – und ein Ausblick in die Zukunft
- Gegenwart und Zukunft der Psychologie – erklärt durch Rückblick auf ihre Geschichte
- Psychologische Theorie und Praxis – vielfältig und oft umstritten
- Das Umfeld der Psychologie: Nachbardisziplinen, Kunst, Gesellschaft

Inhaltsverzeichnis

Psychologie: Vom Lehrfach zur Wissenschaft

1

> Psychologie beginnt im Humanismus als Lehrfach an Universitäten und Gymnasien. Im 19. Jahrhundert schließt sie sich einerseits als Experimentelle Psychologie den Naturwissenschaften an, andererseits als Verstehende Psychologie den Geisteswissenschaften.

Von „Seele" hat man schon im Altertum gesprochen, von „Psychologie" erst seit dem Beginn der Neuzeit, als der Humanismus sich in Europa ausbreitete. Das Ziel des Humanismus war die geistige und moralische Erneuerung nach dem Vorbild der griechischen und römischen Antike. In den Lehrplänen der humanistisch ausgerichteten Universitäten und Gymnasien erschien auch ein Fach „*psychologia*". Es behandelte einerseits die Seele als geistiges Wesen, das den Körper bewohnt und ihn belebt, andererseits der Seele zugeschriebene Leistungen, vornehmlich die Erkenntnis und den Willen. Das seien allerdings grundsätzlich verschiedene Themenkreise, lehrte Christian Wolff, Professor an der Universität Halle und einer der einflussreichsten Philosophen aus der Zeit der Aufklärung. Denn über das Wesen der Seele könne man nur Überlegungen anstellen – so Wolff 1740 in seiner *Psychologia rationalis*, während die seelischen Leistungen der Erfahrung zugänglich seien – so 1738 in seiner *Psychologia empirica*. Wolff trennte somit eine Theoretische Psychologie von einer Empirischen Psychologie. Der Theoretischen Psychologie ordnete er alle nur spekulativ zu behandelnden Fragen zu, z. B. die Frage der Unvergänglichkeit der Seele sowie die Frage, ob Seele räumlich ausgedehnt oder punktförmig ist. Der Empirischen Psychologie zugeordnet wurden dann die beobachtbaren Leistungen des Erkennens und Handelns – vor allem Sinnesempfindung und Wahrnehmung, Vorstellung und Denken, Gedächtnis, Traum und Sprache, Fühlen und Wollen.

Wolffs Schriften galten als vorbildlich in ihrem systematischen Aufbau sowie in der Genauigkeit ihrer Definitionen. Als der Autor später vom Latein der Humanisten ins Deutsche überwechselte, wurde Psychologie endgültig zu einem Bil-

© Springer Fachmedien Wiesbaden 2016
W. Schönpflug, *Psychologie – historisch betrachtet,* essentials
DOI 10.1007/978-3-658-11472-5_1

1

dungsgut der deutschen Sprachgemeinschaft. Vor allem Empirische Psychologie – in deutschen Texten „Erfahrungsseelenkunde" genannt – verstand sich als Blick durch das Fenster des Bewusstseins auf das Wirken der Seele. Das verschaffte ihr eine Alleinstellung, machte sie aber auch angreifbar. Denn auf diese Weise sah – lautete die Kritik – das Ich immer wieder nur das eigene Ich. Solche Selbsterfahrung sei subjektiv; sie lasse sich nicht verallgemeinern. Insbesondere sei auf Selbstbeobachtungen Mathematik nicht anwendbar, und Mathematik sei eine Voraussetzung für die Bestimmung von allgemeingültigen Gesetzen. Anders als etwa die Physik, die z. B. aus Beobachtungen bewegter Körper ein Fallgesetz errechnet, könne also Psychologie keine Gesetze bestimmen. Psychologie sei daher – so der angesehene Königsberger Philosoph Immanuel Kant 1781 in seiner *Kritik der reinen Vernunft* – eigentlich gar keine Wissenschaft.

Es war Johann Friedrich Herbart, der Nachfolger Kants auf dem Königsberger Lehrstuhl für Philosophie, der da Widerspruch einlegte. In seinem zweibändigen Werk *Psychologie als Wissenschaft, neu gegründet auf Erfahrung, Metaphysik und Mathematik* aus den Jahren 1824 und 1825 entwarf er vielmehr eine Psychologie im Stile der Naturwissenschaften. Psychologie solle das Bewusstsein analysieren wie die Chemie ihre Substanzen. Sie solle die im jeweils aktuellen Bewusstsein enthaltenen Vorstellungen (wie Farben, Töne, Gefühle) ermitteln, sodann deren Verbindungen zu komplexen Gegenständen (z. B. Gesichtern) sowie die Dynamik ihrer Veränderung. Solche Vorgänge ließen sich berechnen; aus den Berechnungen sei deren Gesetzmäßigkeit abzuleiten. Herbart selbst hat Beispiele für einen solchen Ansatz gegeben, indem er den Wechsel von Vorstellungen mathematisch darstellte – z. B. die wechselseitige Verdrängung von Vorstellungen im Bewusstsein, ihr Aufsteigen über eine Bewusstseinsschwelle und ihr Absinken unter diese. Die Daten für seine Berechnungen waren freilich fiktiv. Doch es war nur eine Frage der Zeit, bis Nachfolger dazu übergingen, psychologisch bedeutsame Daten tatsächlich zu erheben. Damit begann der Siegeszug einer neuen Richtung: der Experimentellen Psychologie.

Beginnend in den 1870er Jahren, hat in Leipzig der Philosophieprofessor Wilhelm Wundt mit seinen Studenten bewusste Vorstellungen planmäßig erzeugt. Mit teilweise neu entwickelten Geräten gaben die Forscher „Versuchspersonen" „Reize" wie Töne, einen Druck auf die Hand, einen milden Stromstoss. Das Erkennen der Reize teilten die Versuchspersonen durch Drücken einer Taste mit; Uhren registrierten die „Reaktionszeit", d. h. die Zeit zwischen Reizbeginn und Reaktion. Eine Konkurrenz von Vorstellungen – wie Herbart sie konzipiert hatte – ließ sich durch gleichzeitige Darbietung mehrere Reize herstellen. Mit der Menge gleichzeitiger Reize verlängerte sich die Erkennungszeit. Ähnliche Vorstellungen mischten sich (z. B. Töne zu einem Akkord), unähnliche blieben getrennt (z. B. ein Ton und ein

Stromstoss); ähnliche Reize wurden schneller erkannt als unähnliche. Aufgrund dieser Beobachtungen war die Erkennungszeit als Funktion der Zahl und der Ähnlichkeit gleichzeitiger Reize mit einiger Exaktheit mathematisch zu bestimmen.

Dreißig Jahre zuvor hatten ebenfalls in Leipzig der Mediziner Ernst Heinrich Weber und der Philosoph Gustav Theodor Fechner eine andere Gesetzmäßigkeit erforscht: Die Beziehung physikalischer Größen (z. B. Gewicht, Wassertemperatur) zu den durch sie ausgelösten Empfindungen. Messbar war: Je stärker ein physikalischer Reiz, desto mehr muss er erhöht werden, um einen „eben merklichen Unterschied" in der Empfindung zu erzeugen. Diese Beziehung lässt sich als logarithmische Funktion darstellen. In seinem Werk *Elemente der Psychophysik* aus dem Jahre 1860 deutete Fechner diese Funktion als allgemeines Naturgesetz. (Unter anderem ist auch Pflanzenwachstum eine logarithmische Funktion der Zeit.)

Wundt (1874) bestimmte die Experimentelle Psychologie neu als Physiologische Psychologie. Sie wurde auf immer mehr Fragestellungen (wie das Gedächtnis und Gefühle) angewandt. Ihre Methodik führte die Psychologie in die Gruppe der im 19. Jahrhundert aufstrebenden Naturwissenschaften. Wie diese hatte die Psychologie sich die Fortschritte der modernen Technik zunutze gemacht, insbesondere die Feinmechanik mit ihren präzise arbeitenden Uhrwerken sowie die Elektrik. Für die Naturwissenschaften hatte man aufwendige Laboratorien eingerichtet; die Psychologie schloss sich da an. Im Jahre 1883 erhielt Wundt in Leipzig Räume und ein Budget für experimentelle Untersuchungen. Diese Einrichtung wird seitdem gefeiert als der Welt erstes Psychologisches Institut. Andere psychologische Laboratorien folgten. Bis zur Jahrhundertwende 1900 zählte man in Europa, in Japan, in Nord- und Südamerika rund vierzig Psychologische Institute.

Die Fragestellungen der Experimentellen Psychologie waren freilich auf begrenzte apparative Möglichkeiten zugeschnitten; das wurde offen kritisiert. Selbst Wilhelm Wundt, weithin verehrt als Gründer des ersten psychologischen Laboratoriums, ließ verlauten, das Experimentieren tauge nur für die Untersuchung „niedriger" geistiger Funktionen wie Empfindung, Aufmerksamkeit und Gedächtnis, nicht jedoch der „höheren" Funktionen wie Denken, Recht, Kunst und Religion. Selbst der Anspruch, auf dem Weg über das Experiment zur Entdeckung allgemeingültiger Gesetze zu gelangen, geriet in die Kritik. Hatte denn das Individuelle, gar das Einmalige keinen Platz in der Wissenschaft? Der Philosoph Wilhelm Dilthey – er lehrte in Berlin nach Stationen in Basel, Kiel und Breslau – legte im gleichen Jahr, in dem Wundt sein Labor eröffnete, einen anderen Entwurf für eine neue Psychologie vor, und zwar im Sinne der Geisteswissenschaften. Es hatten ja im 19. Jahrhundert auch die Sprach-, Geschichts- und Sozialwissenschaften einen beträchtlichen Aufschwung genommen. Dilthey selbst hatte für sie den Begriff „Geisteswissenschaften" geprägt. Der Begriff sollte zum Ausdruck bringen: Sprache, Geschichte und Gesellschaft sind Erscheinungsformen des menschlichen Geistes.

Psychologie als Wissenschaft vom menschlichen Geist – so Dilthey (1883) – sei Grundlage aller Geisteswissenschaften. Gemeint war eine Psychologie, die vom Einzelfall ausgeht; sie analysiert ihn in vollständigem Zusammenhang mit seiner Lebenssituation und seiner Geschichte. Vom Individuellen gelangt sie zum Allgemeinen; umgekehrt wird das Allgemeine im Individuellen erkennbar. Zentral für die psychologische Analyse ist die Beziehung vom erkennenden Subjekt zu seinem Objekt; Sympathie soll die Distanz zwischen Subjekt und Objekt verkürzen und im glücklichsten Fall ganz aufheben. Das Streben nach Einheit von Subjekt und Objekt hat dem Diltheyschen Ansatz seinen Namen gegeben: Verstehende Psychologie. Verstehende Psychologie sollte in vorbildlicher Weise alle individuellen und kulturellen Erscheinungen erschließen – etwa Kunstwerke mitsamt den Künstlerpersönlichkeiten, die sie hervorgebracht haben.

Auf dem Weg in die Moderne sind also aus der traditionellen Philosophie zwei Richtungen hervorgegangen: die Geistes- und die Naturwissenschaften. Die Psychologie suchte Anschluss an beide Richtungen. Dies führte jedoch nicht zu einer institutionellen Spaltung. Vertreter der geistes- und der naturwissenschaftlichen Richtung mochten noch so heftig miteinander konkurrieren: An den Universitäten blieb die Psychologie immer ein ungeteiltes Fach. Hauptaufgabe war nach wie vor die Lehre. Doch zugleich ist Psychologie ein Forschungsfach geworden; das hat sich auch in ihrer Lehre niedergeschlagen. Zum Ende des 19. Jahrhunderts verbindet Psychologie – dem Prinzip der Einheit von Lehre und Forschung folgend – Lehrtradition mit der Einführung in aktuelle Forschung. Damit wird Psychologie zum festen Bestand des Fächerkanons der modernen Universität.

Popularpsychologie: Menschenkenntnis und psychische Gesundheit

2

Als Alternative zur akademischen „Schulpsychologie" entwickelt sich in der gebildeten Bürgerschaft eine „Erfahrungsseelenkunde für die Welt". Zu ihren bevorzugten Themen gehören Menschenkenntnis und Menschenführung sowie die Behandlung von psychischen Störungen.

Die Hochschulen haben im 17. und 18. Jahrhundert das Fach Psychologie auf ihre Lehrpläne gesetzt, um Studierenden tiefgründige und scharfsinnige Lehren zur Erkenntnis und zur Sittlichkeit zu vermitteln (s. Kap. 1). Doch es waren andere Lehren, die in der Öffentlichkeit Aufsehen erregten: Die Mystik des Görlitzer Schusters Jakob Böhme, die Physiognomik des Züricher Pastors Johann Caspar Lavater sowie die Magnetismustheorie des Arztes Konrad Messmer aus Wien. Böhme ließ in seiner Schrift *Vierzig Fragen von der Seelen* aus dem Jahre 1620 eine geheimnisvolle Seelenlandschaft erstehen – mit Symbolfiguren wie der gebärenden Mutter Matrix und der Jungfrau Sophia. Böhmes „wahre Psychologie" schwärmte von einer Lichtwelt voller Güte und Weisheit, in der sich Gegensätze wie Mann und Frau, Tier und Engel begegnen und versöhnen. Lavater gab in seinen *Physiognomischen Fragmenten zur Beförderung der Menschenkenntnis und der Menschenliebe* aus den 1770er Jahren eine Fülle von Beispielen, wie aus dem Gesicht der Charakter eines Menschen, ja sein zukünftiges Verhalten herauszulesen sei (z. B. Klugheit aus der Höhe der Stirn, Verschlagenheit aus dem Abstand der Augen). Messmer versetzte seine Medien durch Bestreichen mit Eisenstäben in einen Trancezustand, den er Hypnose nannte; er erklärte dies als Wirkung eines tierischen Magnetismus. Unter Hypnose schien eine ganz neue Person zutage zu treten, die dem Willen des Hypnotiseurs unterworfen war; auch Krankheiten sollte Hypnose heilen.

Mystik, Physiognomik und Hypnotismus erschienen als Vorhut einer Psychologie, die – anders als die Psychologie Wolffscher Prägung (s. wieder Kap. 1) – der bürgerlichen Welt zugewandt und damit für alle Bürger wissenswert war. Als praktische Seelenkunde sollte sie die Menschenkenntnis und den Umgang mit Men-

© Springer Fachmedien Wiesbaden 2016
W. Schönpflug, *Psychologie – historisch betrachtet,* essentials
DOI 10.1007/978-3-658-11472-5_2

schen verbessern – in Familien und Gemeinden, in Gewerbe und Handel; zudem sollte sie zum Erkennen und Heilen von Krankheiten beitragen. Dass sie freilich auch befähigen könnte, in das Innere von Menschen zu schauen und ihren Willen zu lenken, hat durchaus Befürchtungen geweckt. So bot die Seelenkunde reichlich Diskussions- und Gesprächsstoff in geselligen Vereinen und in Teegesellschaften, in Journalen und Magazinen.

In Berlin gab der Gymnasialprofessor Karl Philipp Moritz mit Gleichgesinnten von 1783 bis 1793 ein *Magazin zur Erfahrungsseelenkunde* heraus, in dem Erzieher, Ärzte, Pastoren und andere gebildete Bürger ihre Erfahrungen und Einschätzungen zu vier Themenkreisen austauschten: Seelennaturkunde (z. B. Erörterung von Kindheitserinnerungen, Träumen), Seelenzeichenkunde (Beurteilung von Personen nach Merkmalen wie z. B. Eifersucht, Neid), Seelenkrankheitskunde (Beschreibungen von Psychopathien, z. B. der Fall eines sadistischen Lehrers, eines reichen Kleptomanen) sowie Seelenheilkunde (Berichte über erfolgreiche Behandlungen, z. B. Gartenarbeit bei Depressionen, Ausmalen schädlicher Folgen bei Süchten). Man kann das Moritz'sche Magazin als die erste psychologische Fachzeitschrift der Welt bezeichnen. Es war nicht als akademische Lehrschrift entworfen, und weder seine Autoren noch seine Leser entstammten den Universitätsfakultäten. Gleichwohl war dem Magazin ausdrücklich die Aufgabe zugedacht, in der Erfahrungsseelenkunde ein neuartiges Forschungs- und Wissensgebiet zu begründen.

Der Psychologie ist es hier ergangen wie der Philosophie überhaupt. Es ist im 18. Jahrhundert eine selbstbewusste und bildungsfreudige Bürgerschaft entstanden – „Männer von Welt". Die akademische Philosophie konnte sie nicht befriedigen. Mit ihren ontologischen und epistemologischen Fragestellungen, mit Fachausdrücken und ausgeklügelten Argumentationen hatte sie sich von der Lebenswelt abgehoben. Sie war aus der Sicht fortschrittlich gesonnener und mit praktischen Problemen vertrauter Bürger zu einer selbstgenügsamen „Schulphilosophie" geworden. An solche Bürger wandte sich eine neue, „Popularphilosophie" genannte „Philosophie für die Welt". Diese bemühte sich einerseits um verständlichere Darstellungen der abstrakten und oft eigensinnigen Werke der Fachphilosophen. Andererseits griff sie allgemein interessierende Themen auf, welche die Fachphilosophen vernachlässigten – vor allem zur Ästhetik und Sozialtheorie (z. B. Kunst und Natur, Einsamkeit und Geselligkeit).

Entsprechend hat Max Dessoir (1902, S. 297) in seiner *Geschichte der neueren deutschen Psychologie* der bürgernahen Erfahrungsseelenkunde des 18. Jahrhunderts den Namen „Popularpsychologie" gegeben. Der Name hat sich nicht durchgesetzt. Doch wird er hier beibehalten, um einen Zweig der Psychologie zu bezeichnen, der sich seit dem *Magazin für Erfahrungsseelenkunde* (s. o.) kräftig entwickelt hat. Popularpsychologie deckt sich nicht durchweg mit der an den Universitäten betriebenen akademischen Psychologie (s. wieder Kap. 1). Vielmehr wirkt sie als – oft kritische und drängende – Alternative zur akademischen Psychologie, als Plattform für gesellschaftliche Erwartungen an Psychologie. Popularpsychologie greift aktuelle Probleme auf, noch bevor psychologische Wissenschaft hierfür zureichende Lösungen anzubieten hat (z. B. Klimaschutz, Integration von Immigranten), und sie nimmt sich einschlägiger Gebiete an, welche die Wissenschaft aus theoretischen und methodischen Gründen meidet (z. B. Parapsychologie). Sie sammelt und vermittelt Betroffenen (z. B. Eltern, Betriebsleitern) wissenschaftliche Ergebnisse, praktische Einsichten und bewährte Ratschläge (z. B. zur Erziehung, zur Mitarbeiterführung). Überhaupt tritt Popularpsychologie auf als Anwältin einer dem Glück und dem Erfolg verpflichteten Wissenschaft.

Feste Institutionen (z. B. regelmäßig erscheinende Zeitschriften) hat die Popularpsychologie nur wenige. Doch viele erheben dazu im privaten Kreise wie in öffentlichen Medien ihre Stimme; da werden Themenwahl und Meinungsbildung zu Massenphänomenen. Häufig profilieren sich einzelne Erfahrene oder Betroffene (sowie sonst sich berufen Fühlende) als Autoren eigener Beiträge, die ein breites Publikum als treffende Analysen, aktuelle Lebenshilfen und zudem oft als originelle Unterhaltung schätzt. Printmedien, Funk, Fernsehen und Internet spielen bei der Aufbereitung und Verbreitung von Popularpsychologie eine beträchtliche Rolle. Eine herausragende Trägerin von Popularpsychologie ist die Kunst, vor allem mit Theater, Film und Roman.

Praktische Psychologie: Von der Hauswirtschaftslehre zum akademischen Beruf 3

Praktische Psychologie hat sich in der Hauswirtschaft und in der Politik bewährt, schon bevor sich Berufe wie der des Lehrers und des Richters herausbildeten. Wissenschaftliche Psychologie sollte in der Moderne der Weiterbildung in solchen Berufen dienen. Dann wird Psychologie selbst zu einem Beruf.

Arbeit, Erziehung, Gesundheit, Bewältigung von Krisen – das waren in alten Zeiten Angelegenheiten von Großfamilien, die auf landwirtschaftlichen Gütern mit Dienstkräften ihren Lebensunterhalt erwirtschafteten oder in Werkstätten mit Gesellen und Lehrlingen ein Handwerk betrieben. In Gemeinden und Staaten stellten sich Gemeinschaftsaufgaben wie die Bauplanung, das Schlichten von Streitigkeiten und das Verfolgen von Vergehen. In Familie und Staat bedurfte es der Menschenkenntnis. Man konnte sie durch eigene Erfahrung und durch Vorbilder erwerben. Doch schon in der Antike wurden Lehren zur Hauswirtschaft und zur Stadt- bzw. Staatsverwaltung niedergeschrieben – erstere unter den Namen „Ökonomie", letztere unter der Bezeichnung „Politik". So hat etwa im 4. vorchristlichen Jahrhundert Xenophon in seiner *Ökonomie* Ratschläge zur Motivierung von Mitarbeitern durch unterschiedliche Anreize (Kleidung für Eitle, Lob für Ehrgeizige) gegeben.

Lange waren es vorwiegend Ratgeberbücher für „Hausväter", die Probleme der Arbeit und Erziehung behandelten. Lehren zur Regierung und Verwaltung richteten sich entsprechend an Fürsten als „Landesväter". In vielen deutschen Hausbibliotheken stand August von Knigges *Umgang mit Menschen* aus dem Jahre 1788. Die Schrift behandelte das rücksichtsvolle Verhalten im bürgerlichen Leben – in der Beziehung von Mann und Frau, jung und alt, arm und reich, gegenüber Freunden und Fremden. Im Laufe der Zeit entstanden spezielle Lehren für Erziehung, Gesundheitspflege, Rechtsprechung, Verwaltung und Arbeit. Für diese Aufgabenbereiche bildeten sich Spezialberufe heraus, die ihrerseits Haushalten und Gemein-

© Springer Fachmedien Wiesbaden 2016
W. Schönpflug, *Psychologie – historisch betrachtet,* essentials
DOI 10.1007/978-3-658-11472-5_3

den ihre Dienste anboten: Ärzte schon von alters her, dazu Lehrer, Verwalter und Ingenieure; der Kirchendienst wirkte auch pastoral, d. h. beratend und tröstend.

In der zur Moderne strebenden bürgerlichen Gesellschaft wuchs die Spezialisierung und Professionalisierung. So verdrängten etwa Berufsrichter die Laienrichter. Die Psychologie gehörte zunächst nicht zu den neuen Berufen. Doch in der Erziehung, in der Wirtschaft, im Rechtswesen wurde der Ruf nach mehr psychologischer Expertise laut. So wendeten sich etwa Lehrervereine an die gerade zu wissenschaftlichem Ansehen gelangten Universitätsinstitute für Psychologie (s. Kap. 1) mit der Bitte um Weiterbildung. Ein Beispiel: Ernst Meumann, Psychologieprofessor erst in Zürich, zuletzt in Hamburg, war durch seine Bemühungen bekannt, Ergebnisse der Experimentalpsychologie zur Verbesserung des Unterrichts zu nutzen; er entwarf eine „Experimentelle Pädagogik", die Methoden der Experimentalpsychologie für die Unterrichtsforschung einsetzt (z. B. zur Ermittlung von Aufmerksamkeitsschwankungen in einer Schulstunde). Um 1910 war er mit seinen *Vorlesungen zur Einführung in die Experimentelle Pädagogik und ihre psychologischen Grundlagen* häufiger und gern gesehener Gast bei schweizerischen und deutschen Lehrervereinen.

Mit der Wende zum 20. Jahrhundert nahm die Idee einer praktisch anwendbaren Psychologie Gestalt an. Der damals an der Universität Breslau lehrende Professor William Stern schlug dafür den Namen „Psychotechnik" vor. Wie breit der Anwendungsbereich der Psychologie sein könnte, erläuterte Hugo Münsterberg in seiner 1914 erschienenen Monographie *Grundzüge der Psychotechnik*. Der Autor führte als Anwendungsgebiete auf: Kommunikation, Psychotherapie, Wirtschaft (Produktion und Handel), Recht (Verbrechensverhütung, Gerichtsgutachten), Erziehung, Kunst, selbst die Naturwissenschaften. Höchst erstaunlich war die Fülle von Fällen aus der eigenen Praxis des Autors. Er war als Gerichtsgutachter tätig gewesen, hatte einen Eignungstest für Straßenbahnfahrer entwickelt und mehrere Psychotherapien durchgeführt. Wo hat der Autor das gelernt? Er hat Philosophie und Medizin studiert und in Freiburg im Breisgau ein psychologisches Laboratorium geleitet; daraufhin wurde er an die amerikanische Harvard-Universität berufen. Offensichtlich hat Münsterberg aus dem Allgemeinwissen über die Gerichtsbarkeit, über Technik und über die Behandlung von Menschen geschöpft; ein scharfsinniger, an idealistischer Philosophie und experimenteller Psychologie geschulter Kopf, darüber hinaus von glänzendem Auftreten und mit dem Ansehen eines Universitätsprofessors ausgestattet, ist er ebenso beherzt wie erfolgreich an aktuelle Probleme herangegangen.

Andere Professoren der Psychologie waren ebenfalls als Gerichtsgutachter tätig – z. B. William Stern zur Beurteilung der Glaubwürdigkeit kindlicher Zeugen und Karl Marbe zur Klärung der Schuldfrage bei einem Eisenbahnunglück. Überhaupt stieg an den Universitäten das Interesse an praktischen Fragen, und Absolventen betätigten sich in verschiedenen Praxisbereichen wie Berufs- und Erziehungsberatung, Werbung und Verkauf, Arbeitsplatzgestaltung und Arbeitsablaufplanung, Eignungsauslese und Mitarbeiterschulung. Etwa mit dem Ersten Weltkrieg hat sich die Interessenlage allerdings geändert. Waren es vor dem Krieg – wie oben dargestellt – Angehörige bestehender Berufe, die von der wissenschaftlichen Psychologie eine Weiterqualifikation erwarteten, drängten seit den 1920er Jahren wissenschaftlich gebildete Psychologen in Verkehrs-, Industrie- und Handelsunternehmen, Arbeits- und Schulverwaltungen (in Deutschland später auch in die Prüfstellen der Wehrmacht).

Insbesondere in der Zeit der Wirtschaftskrise war die Konkurrenz um Eingangs- und Aufstiegsstellen groß. Wie sollten Absolventen eines Psychologiestudiums ihre Vorzüge gegenüber Werkmeistern und Lehrern, studierten Philosophen und Sozialwissenschaftlern geltend machen (von den auf neuen Feldern nicht seltenen Blendern und Betrügern ganz zu schweigen)? Wie sollte überhaupt ein Studium der Psychologie beschaffen sein, das seinen Absolventen eine spezielle berufliche Qualifikation verschaffte? Die Antwort auf beide Fragen gab in Deutschland der Erlass einer Prüfungsordnung für Psychologen im Jahre 1941. Die Ordnung legte einen Kanon von Lehr- und Prüfungsfächern fest, der das gesamte der Psychologie zuzurechnende Wissen umfassen sollte. Wer gemäß der Ordnung ein achtsemestriges Universitätsstudium abschloss, erhielt ein Diplom, das seinen Besitzer als Fachpsychologen auswies. In anderen Ländern gab es ähnliche Studienprogramme, Prüfungsverfahren und Abschlusszeugnisse.

Berufsqualifizierende Studienabschlüsse für Psychologie – das war neu. Seit den Tagen der Humanistenuniversität (s. Kap. 1) wurde das Fach in der Philosophischen Fakultät gelehrt, gehörte also zu den *Artes Liberales*, den Freien Künsten; diese verschafften – anders als Medizin oder Rechtswissenschaft – keinen Zugang zu einem außeruniversitären Beruf. Absolventen mit dem akademischen Titel „Doktor der Philosophie" eröffneten sie nur die Chance einer wissenschaftlichen Laufbahn innerhalb der Universitäten. Mit den neuen Ausbildungsgängen und Studienabschlüssen reiht sich Psychologie unter die akademischen Berufe ein. Sie will Praxis auf der Grundlage von Wissenschaft bieten – mit dem Leitbild des wissenschaftlich gebildeten Praktikers (in den USA: „*scientist-practitioner*").

Tatsächlich fehlt es dem Berufsbild des Psychologen zunächst an Klarheit. Lediglich ein Schwerpunkt praktisch-psychologischer Tätigkeit hatte sich herausgebildet: Psychologische Diagnostik (z. B. Prüfung der Schulreife, Prüfung technischer Fertigkeiten, charakterliche Beurteilung für Führungs- und Vertrauenspositionen, s. Kap. 9). Doch stark ist der Glaube an die Allzuständigkeit von Wissenschaft. Wissenschaftliche Befähigung soll sich gleichermaßen bei den vielen verschiedenen Aufgaben des Lebens bewähren. Ja, als Kundige der menschlichen Seele sollen Fachpsychologen imstande sein, für Wirtschaft und Verkehrswesen, für Verwaltung und Erziehung mehr und anderes zu leisten als die dafür bereits tätigen Ökonomen und Ingenieure, Lehrer und Erzieher. Der wissenschaftlich gebildete Fachpsychologe soll universell einsetzbar, ein Allround-Psychologe sein.

Bewusstseinspsychologie: Der Blick auf die Seele   **4**

Als Lehre von den Inhalten und Vorgängen des Bewusstseins hat sich Psychologie insbesondere der Erforschung der menschlichen Erkenntnis gewidmet. Bewusstseinspsychologie fußt zunächst auf der Philosophie des Idealismus.

Die Empirische Psychologie des 18. Jahrhunderts war eine Lehre vom Bewusstsein. Wolff und seine Schüler wollten im Fenster des Bewusstseins das Wirken der Seele erkennen (s. Kap. 1). Wolffs Bewusstseinspsychologie fußte auf der idealistischen Philosophie. Der Idealismus unterscheidet zwei Welten, die Welt des Körpers und die Welt des Geistes. Seele ist dann des Menschen Anteil an der Welt des Geistes. Seele (oder Menschengeist) schafft eigene Erkenntnis; sie betätigt sich nach eigenem Willen. Lehrziel der idealistisch ausgerichteten Psychologie war die Darlegung der Verständigkeit und Schlüssigkeit von Seele und Geist sowie deren Dienstbarkeit für die Wahrheit und das Gute. Zu erklären war allerdings auch die Möglichkeit von Täuschungen, Irrtümern und Bosheiten.

Die Erkenntnistheorie führte freilich zu heftigen Kontroversen. Der Königsberger Philosoph Immanuel Kant hatte 1781 in seiner *Kritik der reinen Vernunft* (s. wieder Kap. 1) eine revolutionäre Auffassung vertreten: Der Mensch selbst konstruiere seine Erkenntnis (sogar, was er als Naturgesetz feststellt). Seine Erkenntnis werde nämlich bestimmt durch vorgegebene (d. h. angeborene) Schemata, welche Wahrnehmung und Denken u. a. nach den Dimensionen von Raum und Zeit und der Kategorie der Kausalität ordne. Die Dinge „an sich" seien dem Menschen gar nicht zugänglich. Das widersprach völlig der „empiristisch" genannten Gegenposition, nach welcher sich Erkenntnis auf der Grundlage sinnlicher Erfahrung bildet – John Locke hatte sie in seinem 1690 erschienenen *Essay Concerning Human Understanding* ausführlich begründet.

Die nachfolgende Experimentelle Psychologie (s. wieder Kap. 1) suchte die Kontroverse empirisch aufzulösen. In Würzburg stellten z. B. um 1900 Oswald

© Springer Fachmedien Wiesbaden 2016   13
W. Schönpflug, *Psychologie – historisch betrachtet,* essentials
DOI 10.1007/978-3-658-11472-5_4

Külpe mit seinen Mitarbeitern Untersuchungen über unanschauliches Denken an. Ihr Ergebnis: Vorstellungen über Dinge und Räume enthalten stets anschauliche, d. h. sinnliche Bestandteile (z. B. Farbeindrücke). Doch gibt es eine Klasse von Denkinhalten – die Autoren nannten sie „Bewusstseinslagen" (heute: Metakognitionen), die unanschaulich, d. h. frei von sinnlichen Beigaben sind – wie Zweifel und Überraschung. Starke Argumente gegen die Annahme angeborener Erkenntniskategorien kamen von den Forschungen zur Sinnesphysiologie. Vor allem der Physiker und Mediziner Hermann von Helmholtz, dem es gelungen war, die Wirkungsweise sowohl des Ohrs als auch des Auges zu erklären, verwarf die Annahme vorgegebener Dimensionen von Zeit und Raum. In *Die Thatsachen in der Wahrnehmung* argumentierte er 1879, der Mensch erschließe Zeit und Raum, wie sie in der physikalischen Wirklichkeit vorgegeben seien, aus seinen Sinneseindrücken.

Die konstruktivistische Sicht konnte allerdings weiterhin überzeugen in Bezug auf die Vorstellung der sozialen Welt. Erscheinungen wie Kunst, Religion und Wissenschaft als kulturelle Schöpfungen, als „symbolische Formen", zu erklären, wurde zum Anliegen einer Gruppe von Philosophen wie Ernst Cassirer (1923–1929). Man nannte sie Neukantianer, weil sie die Kantsche Erkenntnistheorie für die Moderne erneuerten.

Im Übrigen erschienen Form und Inhalt des Bewusstseins manchen Autoren als Gegenstände, welche einer eigenen wissenschaftlichen Untersuchung bedurften. Dem Appell Herbarts folgend, im Stile naturwissenschaftlicher Analyse und Synthese elementare Vorstellungen und deren Verbindungen zu ermitteln, experimentierte man in Wundts Leipziger Labor (s. Kap. 1). Ein Wundt-Schüler, Edward Bradford Titchener, hielt an der amerikanischen *Cornell University* seine Studenten an, ihre bewussten Erlebnisse in ihre sinnlichen Elemente zu zerlegen – in einzelne Töne, Gerüche, Helligkeiten u Ä. Aus der Summe der Elemente ergäben sich dann „Strukturen des Bewusstseins", noch bevor ihnen eine Bedeutung (z. B. als Person, als Werkzeug) zugeteilt werde – ein „Strukturalismus" genannter Ansatz.

Der Komplexität und Bedeutungsträchtigkeit des Bewusstseins wurden elementaristische Ansätze freilich nicht gerecht. Seit Erscheinen des Aufsatzes *Über Gestaltqualitäten* von Christian von Ehrenfels aus dem Jahre 1890 argumentierte man dagegen: Es kommt nicht auf die Summierung von Elementen an, sondern auf deren Ordnung zu sinnvollen Ganzen. (Zum Beispiel kann man aus völlig unterschiedlichen Tönen dieselbe Melodie herstellen.) Insbesondere Wolfgang Köhler und Max Wertheimer in Berlin und Frankfurt am Main haben an einer Fülle von Beispielen das Wirken einer „Tendenz zur guten Gestalt" vorgeführt. So hat Wertheimer 1923 in seinen *Untersuchungen zur Lehre von der Gestalt* gezeigt, wie sich in der Wahrnehmung aus Punkt- und Linienanordnungen stabile Figuren und Linienmuster ergeben, und zwar nach ganzheitlichen Kriterien wie Nähe, Ähnlichkeit und Geschlossenheit.

Der Gestaltpsychologie vorangegangen sind grundlegende Studien zur Beschaffenheit des Bewusstseins. Dass Bewusstsein evident ist, d. h. jeder sich seines Bewusstseins gewiss ist, lehrte in Wien der Philosophieprofessor Franz Brentano. Damit bilde Bewusstsein eine eigene Welt, und nichts Anderes könne als psychisch gelten als das Bewusstsein. Es sei die Empirische Psychologie, der die Aufgabe zufällt, die Erscheinungen, die Phänomene des Bewusstseins zu analysieren, und eine andere Aufgabe als diese habe Psychologie nicht. In seiner *Psychologie vom empirischen Standpunkt* aus dem Jahre 1874 hat Brentano seine Theorie des Bewusstseins entwickelt. Man bezeichnet sie als „Aktpsychologie", weil sie als zentrale Erscheinungen des Bewusstseins Akte wie „hören", „glauben", „erinnern" annimmt. Diese Akte sind intentional, d. h. sie beziehen sich notwendig auf Gegenstände – z. B. auf „Musik" als Gegenstand des Hörens, auf „Gott" als Gegenstand des Glaubens, auf „gestern" als Gegenstand des Erinnerns.

Unbekümmert um grundlegende Kategorialanalysen waren Bestandsaufnahmen der Inhalte des Bewusstseins. Ausführlich behandelte der in den USA einflussreiche Harvard-Professor William James in seinen *Principles of Psychology* aus dem Jahre 1890 den Gedankenfluss (*stream of thought*) im menschlichen Bewusstsein. Der Gedankenfluss ist stets selbstbezogen. Es erscheint darin ein materielles Selbst, d. h. was man an Personen und Gütern (z. B. „meine Mutter", „mein Auto") als wert erachtet, ein soziales Selbst, d. h. was man an Anerkennung genießt oder vermisst (z. B. „Hochschulabschluss"), ein geistiges Selbst, d. h. die eigenen Eigenschaften und Fähigkeiten (z. B. „Fleiß", „Fremdsprachen") und dazu ein „reines Ich", d. h. ein allen bekanntes und doch schwer beschreibbares Erleben der Einheit der Person. Bewusstsein ist – da stimmt James mit Brentano überein – unmittelbar nur zu erfahren durch Selbstbeobachtung, durch innere Wahrnehmung (nach Brentano) oder (wie seit James gebräuchlicher) Introspektion (Innenschau).

Bewusstseinsinhalte sind grundsätzlich subjektiv („ich und nur ich glaube"). Doch können Individuen Kenntnis über Bewusstseinsinhalte Anderer erhalten („ich weiß, was du glaubst") und Anderen eigene Bewusstseinsinhalte zur Kenntnis bringen („du weißt, was ich glaube"). Das geschieht oft ausdrücklich über sprachliche und bildliche Mitteilungen. Aus der Zeit der Romantik stammt die Annahme einer unmittelbaren und innigen Kommunikation, einer „Einfühlung" in Andere. Theodor Lipps diskutierte 1903 in seiner *Ästhetik* erneut Einfühlung als Prozess der Erkenntnis, nachdem sich Dilthey's Lehre vom Verstehen als wissenschaftlicher Methode (s. Kap. 1) verbreitet hatte.

Teilen die Angehörigen von Gruppen oder größeren Mengen dieselben Bewusstseinsinhalte („meine Freunde glauben", „die Europäer glauben"), spricht man von sozialen Kognitionen und kollektivem Bewusstsein. Soziale Kognitionen und kollektives Bewusstsein sind inzwischen bevorzugte Themen der Sozial- und Persönlichkeitspsychologie. Erforscht werden zum Beispiel nationale Stereotypen

(z. B. das Bild von Russen in Polen) sowie Vorstellungen bei der sozial bedeutsamen Urteilsbildung (z. B. Annahmen über externe oder interne Kontrolle, d. h. eigene und fremde Verantwortung).

Sozialpsychologische Forschungen über soziale Kognitionen sind oft als empirische Erhebungen an umfangreichen Stichproben angelegt. Doch Vertreter der geisteswissenschaftlichen, der Verstehenden Psychologie, (s. erneut Kap. 1) haben hohe Resonanz gefunden, wenn sie sich – stärker auf ihre persönlichen Einsichten als auf repräsentative Daten gestützt – mit Fragen der Bewusstseinsbildung und des Bewusstseinswandels auseinandersetzten. Ein Beispiel ist Eduard Spranger mit seiner *Psychologie des Jugendalters* aus dem Jahre 1924. Überhaupt ist das Thema des persönlichen und kollektiven Bewusstseins den Fachpsychologen nicht allein vorbehalten. Ja, es mögen sogar die tiefsinnigsten, klarsichtigsten und aktuellsten Beiträge sein, die nicht aus der Psychologie im engeren Sinne stammen, sondern aus den benachbarten Gebieten der Philosophie, der Pädagogik und der Sozialwissenschaft.

Tiefenpsychologie: Die verborgene Seele 5

Die Grundthese der Tiefenpsychologie: Unterhalb einer Schicht des Bewusstseins verbirgt sich eine Schicht des Unbewussten. Daraus ergeben sich Fragen nach der Dynamik und der Symbolik des Unbewussten. Tiefenpsychologische Theorien schließen an Romantik und Mystik sowie an der Lebensphilosophie an.

Aus Einzellern werden Amphibien, daraus Wirbeltiere und schließlich Menschen. So erklärte Carl Gustav Carus, in Dresden Medizinprofessor und Leibarzt am Hof des sächsischen Königs, seinen Zuhörern die Naturgeschichte. Leben sei unablässig im Werden begriffen; doch das Neue verdränge das Alte nicht, es überlagere dieses vielmehr. So seien alle Lebewesen von alters her mit Empfindung und Bewegung ausgestattet, die keines Bewusstseins bedürfen; erst beim Mensch komme bewusste Selbst- und Welterkenntnis hinzu. Es gliedere sich die Seele des Menschen in zwei Schichten – so Carus 1846 in seiner Schrift *Psyche*. Aus seiner frühen Naturgeschichte stamme eine Schicht des Unbewussten; diese werde in seiner späteren Geschichte überlagert durch eine Schicht des Bewusstseins.

Eine solche Tiefenpsychologie wirft die Frage der Dynamik und die Frage der Symbolik des Unbewussten auf. Zur Dynamik: Welche Rolle spielt das unbewusste, ursprünglichere Leben? Vollzieht es sich in Harmonie mit dem Bewussten oder in Konflikt mit diesem? Ist überhaupt dieses ursprüngliche Leben ein gutes oder ein schlechtes Leben? Zur Symbolik: Wie erkennt man die Inhalte des Unbewussten? Schon Carus lehrte: Die tiefe Seele ist vom Bewusstsein verdeckt. Schwindet jedoch das Bewusstsein – wie im Schlaf, werde das Unbewusste sichtbar – wie im Traum. Das Unbewusste offenbart dann fundamentale Erfahrungen aus der Urzeit des Lebens wie Liebe und Tod, Sonne und Nacht. Doch in dieser Urzeit hat noch die Sprache gefehlt. Das Unbewusste stellt sich also eher als Bilderwelt dar, die dem Bewusstsein wiederum fremd ist.

Man hat nach Symbolen des Unbewussten vor allem in Träumen und Wachphantasien gesucht. Der Züricher Nervenarzt Carl Gustav Jung (1954) hat solche

© Springer Fachmedien Wiesbaden 2016
W. Schönpflug, *Psychologie – historisch betrachtet,* essentials
DOI 10.1007/978-3-658-11472-5_5

Symbole zudem in frühen Zeugnissen der Kulturgeschichte nachzuweisen versucht, in Märchen und Mythen, in Religion und Alchemie. Jung nannte Symbole, in denen sich Urerfahrungen ausdrücken, Archetypen, d. h. Urbilder (z. B. der Löwe als Symbol der Macht, die Schlange als Symbol der Klugheit). Archetypen seien allen Menschen gemeinsam; sie bildeten das kollektive Unbewusste der Menschheit.

Für Jung gibt es grundsätzlich keinen Konflikt zwischen Bewusstsein und Unbewusstem. Ihr harmonisches Verhältnis werde allerdings gestört, wenn Archetypen übermächtig werden. Dann entstehen zwanghafte Verknüpfungen eines unbewussten Bildes (z. B. Macht) mit bewussten Wahrnehmungen, Gefühlen und Motiven; der Autor nannte solche Verknüpfungen „Komplexe" (z. B. Machtkomplex). Das Verhalten (z. B. Dominanzstreben) werde dann zwanghaft, unsozial und selbstzerstörerisch. Im Unbewussten findet Jung weiterhin Gegensätze angelegt wie „Mann – Frau", „Gott – Mensch". Diese Gegensätze gilt es zu versöhnen (z. B. im Mann die weibliche Natur nicht zu unterdrücken und umgekehrt nicht die männliche Natur in der Frau). Komplexe und unausgeglichene Gegensätze bedingen nach Jung „Neurosen" genannte Nervenkrankheiten, die er als Arzt zu heilen bestrebt war.

Im Mittelpunkt anderer tiefenpsychologischer Theorien steht die Annahme eines unablässigen Konflikts des Bewusstseins mit dem Unbewussten. Es ist ein Kampf zwischen Natur und Kultur, den das Unbewusste und das Bewusstsein austragen. Dabei unterscheiden sich Autoren in ihrer Sicht von Natur ganz erheblich. Der deutsche Privatgelehrte Ludwig Klages sah Natur nur als Quelle des Glücks. Ein glückliches Leben sei nur möglich im Einklang mit der Natur, in einer naturbelassenen Umwelt, dem Augenblick hingegeben, im Schauen versunken, in Unbefangenheit handelnd. Ein solches Leben – so Klages – entspringt der Seele, und den Begriff der Seele behält er allein jener alten Schicht im Sinne von Carus vor. Alles Seelische ereignet sich im Jetzt; das Nacheinander seelischer Erscheinungen fügt sich zusammen zu einem gefälligen Fluss, einem Rhythmus. Dazu im Widerstreit sah Klages die Kultur. Sie habe die Schicht des Bewusstseins geprägt; diese Schicht bezeichnete Klages als Geist. Der Geist verdrängt – so Klages in seinem 1929 erschienenen Werk *Der Geist als Widersacher der Seele* – mit einer Welt der Begriffe das unmittelbare Erleben der Dinge, entfremdet die Welt durch Abstraktion und verzerrt das Handeln durch berechnende Planung; der Takt, den der Geist vorgibt, zerstört den natürlichen Rhythmus; der Geist ist verantwortlich für die Zerstörung der Umwelt (z. B. durch Bau von Bahnen und Fabriken). Klages forderte daher die Stärkung des Unbewussten und damit die Rückkehr zur Natur und ihren Lebensregeln (z. B. zum Mutterrecht).

Ganz anders der Wiener Nervenarzt Sigmund Freud. Für Freud ist die Natur eine Quelle bedrohlicher und zerstörerischer Kräfte. Die Triebe des Menschen, insbesondere sein Sexual- und sein Aggressionstrieb, bedrohten seine Anpassung. In Schriften wie *Das Ich und das Es* aus dem Jahre 1923 entwarf Freud einen „psychischen Apparat", in dem ein bewusstes Ich einerseits von einem unbewussten Es unterschieden wird, andererseits von einem Über-Ich; dem Es entspringen die Triebansprüche, das Über-Ich vertritt die gesellschaftlichen Normen. Freud glaubt: Die Entwicklung des Kindes und das Leben des Erwachsenen sind geprägt durch die Unvereinbarkeit von Triebansprüchen und Normen, durch Konflikte zwischen Es und Über-Ich. Erstmalig und nachhaltig erfahre dies das Kind in seinen inzestuösen Wünschen gegenüber dem jeweiligen gegengeschlechtlichen Elternteil – Söhne gegenüber der Mutter, Töchter gegenüber dem Vater; der jeweils gleichgeschlechtliche Elternteil reagiere dann mit empfindlichen Strafandrohungen.

Dem Ich fällt nun die Aufgabe zu, zwischen Es und Über-Ich zu vermitteln. Droht dies zu misslingen, befällt Angst das Ich. Um die Angst abzuwehren, bedient sich das Ich verschiedener Mechanismen. Ein Mechanismus ist die Verdrängung: Unerfüllbare Triebansprüche werden in das unbewusste Es verschoben; dort sammeln sich verdrängte Vorstellungen und Affekte. Das Unbewusste ist danach eine Folge individueller Entwicklung und das Produkt einer die Naturtriebe unterdrückenden Sozialisation. Freud hat neben der Verdrängung noch eine Reihe anderer Mechanismen zur Abwehr der Angst vor den Folgen übermächtiger Triebansprüche beschrieben, darunter die Umkehr von Affekten (etwa das Umschlagen von Liebe zu Hass) und die Sublimation (z. B. soll das verbotene kindliche Verlangen nach der Mutter später in der feinsinnigen Freude an Madonnenbildern Befriedigung finden). Denn widerstandslos – so Freud – lassen sich Triebansprüche nicht ins Unbewusste verbannen. Sie drängen zurück ins Bewusstsein; sie verändern ihre Form und treten dann als Fehlwahrnehmungen und Fehlhandlungen in Erscheinung. Oft handle es sich dabei nur um harmlose Alltagsvorfälle (wie Versprecher); doch kann Angstabwehr – nach Freud – auch zur Quelle von Nervenkrankheiten, von Neurosen werden.

Tiefenpsychologische Theorien waren stets umstritten. In der akademischen Psychologie wurden sie fast einhellig abgelehnt und kamen daher lange nicht auf die Lehrpläne der Universitäten. Weder Klages noch Jung und Freud erhielten je einen Ruf auf einen Lehrstuhl einer Universität. In der Öffentlichkeit ist die Theorie des Unbewussten dagegen auf lebhaftes Interesse gestoßen. Nicht wenige haben das Unbewusste für das wichtigste Thema der Psychologie gehalten, ja keine andere Psychologie gelten lassen wollen als die Tiefenpsychologie. Insbesondere haben Freuds spannende Fallbeschreibungen und sexualitätskritische Erklärungen das Publikum gefesselt, und Freuds Psychoanalyse ist oft mit Tiefenpsychologie schlechthin gleichgesetzt worden.

Die breite Resonanz sowie die Attraktivität der Tiefenpsychologie sind damit zu erklären, dass sie an die Traditionen der Mystik, der Lebensphilosophie und der Romantik anknüpfen, die ihrerseits das Publikum in ihren Bann geschlagen haben. Das Unbewusste zu Bewusstsein zu bringen, ist eine moderne Version des mystischen Ringens um Erleuchtung der „Finsterwelt". Jung lässt die Bilderwelt des Jakob Böhme (s. Kap. 2) neu erstehen und macht sie zur Grundlage seiner Therapie. Psychische Dynamik ist zudem bereits das Thema einer publikumswirksamen Richtung der Philosophie gewesen – Lebensphilosophie genannt. Mit pessimistischer Grundhaltung hat Arthur Schopenhauer, dessen Schriften Freud wohl bekannt waren, die Aussichtslosigkeit des Strebens nach Befriedigung (insbesondere sexueller) Triebe begründet, während Friedrich Nietzsche, der für Ludwig Klages ein Vorbild war, sich für die Vision eines Lebenswillens begeisterte, der alle überkommenen gesellschaftlichen Werte und Normen überwindet.

Die Philosophie und Kunst der Romantik hat seit dem 18. Jahrhundert diese Ansätze aufgenommen und ergänzt. Natur und Entwicklung waren ihre zentralen Themen. Natur hat sie als Urzustand aufgefasst; sie hat Natur als ambivalent beschrieben, einerseits als anmutiges und friedvolles Paradies, andererseits als hässlichen und gefährlichen Schreckensort. Carus wurde – wie eingangs beschrieben – zur Stimme der Romantik, als er die Stammesentwicklung und die Menschheitsentwicklung in Beziehung setzte und dabei eine Schichtung von alt und neu, tierisch und menschlich, unbewusst und bewusst konzipierte. Damit wertete die Romantik das Gefühl auf gegenüber dem Verstand, das ungefähre Ahnen gegenüber dem schlüssigen Erkennen und das impulsive Streben gegenüber dem planvollen Handeln. Die Kunst der Romantik hat die Entwicklung von Menschen und ihre Zweischichtigkeit in höchst reizvollen Werken veranschaulicht. Erzählungen und Theaterstücke zeigten Heldinnen und Helden, die – in Trance wie Mesmers Patienten (s. wieder Kap. 2) – ihren Traumbildern folgen. Sie zeigten eine Welt, in der Geheimnisse Macht gewinnen. Den meisten verborgen, verraten sich Geheimnisse allerdings den Empfindsamen durch unauffällige Anzeichen (z. B. ist der in einen Bettler verzauberte Prinz trotz seiner Lumpen an seinen edlen Gebärden zu erkennen).

Behaviorismus: Psychologie ohne Seele   6

Der Behaviorismus ist eine Theorie des Verhaltens. Sein Ziel ist die Anpassung des Menschen an seine Umwelt. Der Behaviorismus ist aus der materialistischen Philosophie hervorgegangen.

„Weg mit Begriffen wie Bewusstsein, Bewusstseinsinhalt, Bewusstseinszustand, Geist, Vorstellung!" So kompromisslos hat sich im Jahre 1913 in der einflussreichen Zeitschrift *Psychological Review* (S. 166) John Watson, damals Professor in Chicago, gegen die Bewusstseinspsychologie (s. Kap. 4) gewandt. Watson hielt Erlebnisse wie Freude und Angst nicht geeignet für wissenschaftliche Analysen; nur Verhaltensweisen wie Hin- und Weglaufen könnten Gegenstand wissenschaftlicher Betrachtung werden. Denn nur Verhalten sei wissenschaftlich bestimmbar (am besten durch zuverlässige Registriergeräte) und praktisch von Bedeutung. Verhalten erklärte Watson als Reaktion auf Umweltreize. Jeder Organismus sei ausgestattet mit Gewohnheiten, einer Menge von Reiz-Reaktionsverbindungen. Diese Menge verändert sich – so die Theorie – durch Lernen, und zwar aufgrund von Belohnung oder Bestrafung. Durch Lernen passt sich das Verhalten der Umwelt stetig an.

Watson hat seine Verhaltenstheorie als „*behaviorism*" bezeichnet, und dieser Begriff ist als „Behaviorismus" ins Deutsche übernommen worden. Die ursprünglich recht grob konzipierte Theorie ist von den Nachfolgern Watsons ergänzt und verfeinert worden. So hat Clark L. Hull 1952 in seinem Werk *A Behavior System* neben äußeren Reizen auch innere Reize oder Triebreize (wie Hunger und Durst) vorgesehen; Reaktionen sollen nach Hull nicht schematisch an Einzelreize gebunden sein, sondern eher an Reizkombinationen (z. B. geht Alkoholkonsum nicht allein auf den Anblick von Getränken zurück, sondern möglicherweise auch auf Durst und eine gesellige Runde). Neue Gewohnheiten können durch zufällige Kombinationen von Reizen und Reaktionen entstehen.

© Springer Fachmedien Wiesbaden 2016
W. Schönpflug, *Psychologie – historisch betrachtet,* essentials
DOI 10.1007/978-3-658-11472-5_6

Über die Wirkung von Belohnungen hat der Harvard-Professor Burrhus F. Skinner (1938) eingehende Untersuchungen durchgeführt; ihre Ergebnisse sind in *The Behavior of Organisms* beschrieben. Wie wirkt regelmäßige Belohnung, wie unregelmäßige? Wie wirkt in Zeitabständen verabreichte Belohnung („Intervallverstärkung" wie z. B. der Stundenlohn), wie leistungsabhängige Belohnung („Quotenverstärkung" wie z. B. Leistungsprämien)? In der Öffentlichkeit hat sich insbesondere die von Skinner benutzte Untersuchungsmethode herumgesprochen: Er ließ vorzugsweise Tauben und Ratten in eigens konstruierten Käfigen (den sogenannten „Skinnerboxen") Arbeiten wie Hebeldrücken ausführen und belohnte sie dafür mit Wasser oder Futter. So eingestimmt auf „Rattenpsychologie", war die Kontroverse heftig, als Skinner 1971 in *Beyond Freedom and Dignity* Schlussfolgerungen für die Kulturentwicklung zog. Ihm schwebte vor, mit Verstärkungstechniken die großen Probleme der Welt wie Hunger und Übervölkerung zu lösen. Sein Ziel war die Kontrolle individuellen und kollektiven Verhaltens mit wissenschaftlichen Methoden. Den Einwand, damit schwinge sich der Wissenschaftler zum Diktator auf, begegnete er mit dem Argument, dass der Wissenschaftler, der das Verhalten anderer kontrolliert, sich selbst der Kontrolle der anderen unterwirft. Wissenschaftliche Kontrolle sei somit Teil eines Prozesses, der gesellschaftlichen Fortschritt hervorbringt.

Der Behaviorismus war offensichtlich von Fortschrittsoptimismus und Erziehungszuversicht geprägt. Er übertrug die Evolutionstheorie Darwins auf die menschliche Lebensspanne. Verhalten unterliegt danach ebenso einer Auslese wie Gattungen von Lebewesen. Neues entsteht durch Zufall – neue Arten durch Genmutationen, neues Verhalten durch Paarung von Aktionen mit Reizen. Nachfolgend wird ausgewählt, was sich bewährt; Gattungen überleben aufgrund ihrer Tüchtigkeit im Lebenskampf, Verhalten wird zur Gewohnheit durch Belohnung. Die Evolution der Arten und das Lernen des Individuums vollziehen sich also beide in Anpassung an die Umwelt, und Anpassung dient dem besseren Leben.

Der Behaviorismus ist als Amerikanismus gescholten worden; er sei oberflächlich, denke in Kategorien der Geschäftswelt und entwürdige den Menschen zu einer Marionette. Solche Vorwürfe mussten sich – insbesondere aus dem idealistischen Deutschland – schon französische Materialisten und englische Utilitaristen gefallen lassen. Es ist ihr Erbe, das die Behavioristen in der Neuen Welt angetreten haben. Materialisten sind als Avantgarde der Aufklärung aufgetreten. Ihr Zentrum war im 18. Jahrhundert der Salon des Barons d'Holbach in Paris. Holbach hatte 1770 ein Werk *Système de la Nature* verfasst. Darin beschrieb er die Welt als Körper und den Menschen als Mechanismus aus Knochen und Muskeln, aus Sinnesorganen, Drüsen und Nerven. Gedanken und Gefühle seien wissenschaftlich angemessen nur als Tätigkeiten körperlicher Organe zu erfassen. Diesen Ansatz verfolgte seitdem eine Objektive Psychologie, von Friedrich Albert Lange (1866, S. 465) in seiner *Geschichte des Materialismus* „Psychologie ohne Seele" genannt.

Die Materialisten haben das Körperwesen Mensch in völliger Abhängigkeit von seiner Umwelt gesehen (u. A. von seiner Nahrung). So blieb es nicht aus, dass der dem Kreis von Holbach zugehörige Claude Helvétius in seinen pädagogischen Schriften die Meinung vertrat, der Mensch sei nicht durch moralische Lehren zu bessern, sondern nur durch die Befriedigung seiner Selbstliebe, seines Besitz- und Machtstrebens. Es galt also, in der Erziehung, in der Wirtschaft, in der Rechtsprechung und in der Steuerpolitik durch Belohnung und Bestrafung die Menschen zum rechten Handeln zu bewegen. In England hat der Jurist und Politiker Jeremy Bentham ausführliche Überlegungen über Arten, Häufigkeit und Dauer von Sanktionen angestellt (z. B. einmalige, wiederholte Geldzuwendungen, kurze, lange Haftstrafen), über ihre Nachhaltigkeit und ihre Nebenwirkungen (z. B. Gewinn und Verlust von Freunden). Seine Nützlichkeitslehre – niedergelegt in seiner *Introduction to the Principles of Morale and Legislation* von 1789 – hat unter dem Namen „Utilitarismus" Schule gemacht.

Als materialistisch erweist sich der Behaviorismus schließlich durch seine Methodenlehre. In seinem Beharren auf Beobachtungsdaten und in seinem Streben nach praktischem Nutzen folgte er dem in der Mitte des 19. Jahrhunderts von dem französischen Universalgelehrten August Comte entworfenen Positivismus, der als echte („positive") Wissenschaft nur Theorien anerkennt, die sich unmittelbar auf die Beobachtung von Tatsachen stützen; dann diene Wissenschaft auch dem technischen und sozialen Fortschritt. Im 20. Jahrhundert haben Autoren wie Rudolf Carnap und Herbert Feigl – zunächst im sogenannten „Wiener Kreis", dann in den USA – die Lehre Comtes für die moderne Wissenschaft fortentwickelt. Ihr „Neopositivismus" forderte, theoretische Begriffe und Aussagen an protokollierte Beobachtungen zu binden. Zum Beispiel ist dann im Tierversuch der Begriff „Hunger" als „Zeit seit der letzten Fütterung" „operational" zu definieren.

Wer übrigens den Behaviorismus als „typisch amerikanische" Lehre ansah, musste staunen, dass sich zur gleichen Zeit im gesellschaftlich völlig anderen (nämlich erst zaristischen, dann kommunistischen) Russland eine annähernd gleiche Theorie etablierte – Reflexologie genannt. Die in den USA als „Gewohnheiten" bezeichneten Reiz-Reaktionsverbindungen hießen in Russland „Reflexe". Man sprach in Russland eher von „Bedingen" oder „Konditionieren" der Reize und Reaktionen als von „Erlernen von Gewohnheiten" wie in den USA. In russischen wie in amerikanischen Laboren war man von der Unerlässlichkeit von Belohnungen für die Verhaltensänderung überzeugt. Ein weithin bekannter Vertreter der russischen Reflexologie war der St. Petersburger Physiologieprofessor Iwan P. Pawlow – er lebte von 1849 bis 1936. In seinem Labor bekamen Hunde z. B.

eine Glocke zu hören, wenn sie mit Fleisch gefüttert wurden; das löste ihren Speichelfluss aus. Nach einigen Versuchen genügte bereits der Glockenton, um den Speichelfluss hervorzurufen. Nach Pawlow hatte sich ein bedingter Reflex gebildet, bestehend aus dem Glockenton als bedingtem Reiz und dem Speichelfluss als bedingter Reaktion.

Die Parallelität zwischen Behaviorismus und Reflexologie ist schnell erklärt. Beide haben ihre Wurzeln im französischen und britischen Materialismus. Materialistisches Denken haben Franzosen und Engländer selbst in die Neue Welt gebracht – als Einwanderer und als Kolonialherren. Russische Wissenschaftler haben materialistische Ansätze bei Studienaufenthalten in Frankreich kennengelernt; die dort gepflegte Objektive Psychologie ist zum Vorbild für ihre spätere Forschung in ihrer russischen Heimat geworden.

Differentielle Psychologie: Individualität und Vielfalt

Systematische Forschungen über Unterschiede zwischen Individuen beginnen im 19. Jahrhundert. Schwerpunkte bilden Vergleiche zwischen Altersgruppen, Kulturen und Charakteren sowie zwischen Tierarten und zwischen Mensch und Tier.

Im Jahre 1787 veröffentlichte der Marburger Philosophieprofessor Dietrich Tiedemann Aufzeichnungen über die Entwicklung seines Sohnes Friedrich in den drei ersten Lebensjahren. Andere Eltern – wie das Breslauer Lehrerpaar Ernst und Gertrud Scupin (1907) – folgten seinem Vorbild. Die Berichte der Eltern hatten das Ziel, die normale sensorische und motorische, geistige und soziale Entwicklung in der frühen Kindheit zu ermitteln – möglichst einen „Fahrplan" mit schlüssiger Abfolge und festen Terminen (z. B. erstes Lächeln mit acht Wochen). William Stern (s. bereits Kap. 3), der mit seiner Frau Clara selbst Beobachtungen an den eigenen drei Kindern beigesteuert hatte, hat 1914 in seiner Monographie *Psychologie der frühen Kindheit* gezeigt: Es ist ein neues Lehr- und Forschungsgebiet entstanden, die Kinderpsychologie. Stern selbst hat entwicklungspsychologische Untersuchungen mit „experimentellen Methoden" unternommen. So hat er in Reihenuntersuchungen die Neigung von Jungen und Mädchen zum Erzählen von Phantasiegeschichten geprüft.

Die Kinderpsychologie erweiterte sich zur Entwicklungspsychologie der gesamten Lebensspanne. Die Psychologie von Jugendlichen wurde 1904 mit der Schrift *Adolescence* von G. Stanley Hall von der Johns Hopkins Universität zu einem auch wissenschaftlich diskutierten Thema. Es dauerte bis 1933, bis die damals in Wien lehrende Charlotte Bühler in *Der menschliche Lebenslauf als psychologisches Problem* eine Entwicklungspsychologie der Erwachsenen begründete. Bühler – übrigens die erste in der deutschsprachigen Psychologie zur Professorin ernannte Frau – hat in ihrem Buch Lebensläufe von Künstlern und Wissenschaft-

© Springer Fachmedien Wiesbaden 2016

W. Schönpflug, *Psychologie – historisch betrachtet,* essentials

DOI 10.1007/978-3-658-11472-5_7

lern, Sportlern und Politikern analysiert und dabei alterspezifische Veränderungen von Vitalität und Produktivität, Motivation und sozialer Anerkennung festgestellt.

Die Eigenarten von Menschen in verschiedenen Ländern und Landschaften, insbesondere der Vergleich des Eigenen mit dem Fremden – das waren ergiebige Themen selbst innerhalb Europas, das hinsichtlich seiner Lebensweise und Religion eine gewisse Einheitlichkeit aufwies. Wie erregend war aber erst die Begegnung mit fernen Kulturen in Asien, Afrika und Amerika, vor allem mit Menschen, die noch keine nachhaltige Kulturentwicklung durchgemacht hatten – sogenannte Ur- oder Naturvölker! Über Nachbarvölker hatte man vielfältige Kenntnis durch Handels- und Bildungsreisen, durch diplomatische Beziehungen und kriegerische Auseinandersetzungen. Was die fernen Länder anbetraf, war man auf Berichte von Abenteurern und Entdeckern, von Missionaren und Kaufleuten angewiesen. Sie brachten aus der Ferne Schmuck, Masken, Vasen und Gebrauchsgegenstände, die später in völkerkundlichen Museen einem breiten Publikum zugänglich wurden.

Seele oder Geist als belebendes und Einheit stiftendes Prinzip wurden auch Kollektiven zugesprochen – als Volksseele oder Volksgeist. Damit erweiterte sich die Psychologie um eine weitere Teildisziplin: die Völkerpsychologie. Theorien zur Völkerpsychologie entwarfen Experten, die weit gereist waren. Einer von ihnen war Adolf Bastian. Er hatte als Schiffsarzt Australien, Indonesien, Indien und China, Südafrika und Peru besucht. Von seinen Reisen hat er Gegenstände für eine völkerkundliche Sammlung mitgebracht. Gedanken über die Menschheitsgeschichte hat er in *Beiträge zur Vergleichenden Psychologie: Die Seele und ihre Erscheinungen in der Ethnographie* (1868) und anderen Schriften verbreitet. Doch auch Daheimgebliebene beteiligten sich an den Erörterungen zur Völkerpsychologie. Wilhelm Wundt, gefeiert als Begründer der Experimentellen Psychologie (s. Kap. 1) widmete die letzten Jahrzehnte seines Lebens einem zehnbändigen Werk *Völkerpsychologie* (1900–1920), in dem er in Gesetzen und Sitten der Völker, ihren Religionen und ihrer Kunst die höheren geistigen Funktionen des Menschen zu ergründen suchte.

Neben ausgewiesenen Autoritäten waren es zahlreiche Bürger, die ihre Erfahrungen und Ansichten über Kulturen austauschen wollten. Dies konnten sie in der von 1860 bis 1890 von den beiden Literatur- und Sprachwissenschaftlern Moritz Lazarus und Hajim Steinthal herausgegebenen *Zeitschrift für Völkerpsychologie und Sprachwissenschaft*. Die Zeitschrift kann nach dem *Magazin für Erfahrungsseelenkunde* (s. Kap. 2) als zweitälteste Fachzeitschrift für Psychologie gelten.

Erst recht wurden überdauernde Unterschiede zwischen Individuen zur Domäne der Psychologie. Für die Eigenart von Individuen hatte der griechische Autor Theophrast einen unvergänglichen Begriff geprägt: Charakter. Ebenfalls unvergänglich geblieben ist die Temperamentenlehre des römischen Arztes Galenus, der die Typen des Cholerikers, des Sanguinikers, des Phlegmatikers und des Melancholikers trennte. Insbesondere in Frankreich pflegte man die Kunst der Beschreibung individueller Charaktere. So veröffentlichte um 1840 der französische Publizist Charles-Augustin Sainte-Beuve allwöchentlich ausgefeilte „Portraits" von Persönlichkeiten aus Geschichte und Gesellschaft.

Die vielen zur kunstvollen Charakterisierung benutzten Eigenschaften auf ein gutes Dutzend grundlegender Beurteilungsmerkmale zurückzuführen, war das Bestreben von Thomas Reid an der schottischen Universität Aberdeen. In den 1780er Jahren unterschied er geistige „Vermögen" wie Gedächtnis und Denken von motivationalen und sozialen wie Machtstreben und Gemeinsinn. Dass die motivational-sozialen Eigenschaften für die Charakterbeurteilung maßgebend seien, behauptete der deutsche Gymnasialprofessor Julius Bahnsen. In *Beiträge zur Charakterologie* aus dem Jahre 1867 hat Bahnsen die doppelte Aufgabe der Charakterbeurteilung umrissen, jede Person einerseits mit der Fülle ihrer Eigenschaften zu kennzeichnen, andererseits in ihrer Einheitlichkeit und Individualität. Der von Bahnsen geprägte Begriff „Charakterologie" war in Deutschland bis in die 1950er Jahre weit verbreitet, bevor er den international gebräuchlicheren Bezeichnungen „Persönlichkeitspsychologie", „Differentielle Psychologie" Platz gemacht hat.

Geradezu besessen von der Idee der Erhebung und Messung individueller Unterschiede war der britische Privatgelehrte Francis Galton. Sein größtes Unternehmen: Bei der Internationalen Gesundheitsausstellung im Jahre 1885 in Kensington hat Galton eine Prüfstelle für Hörvermögen, Farbensinn, Kraft der Hand u. Ä. eingerichtet und Daten von 9.000 Besuchern erhalten. Um diese Datenmenge überschaubar zu machen, berechnete er Mittelwerte und Streuungen ihrer Verteilung; zur Darstellung von Zusammenhängen zwischen Messwerten entwickelte er Korrelationsmaße. Damit hat die Verteilungsstatistik Einzug in die Differentielle Psychologie gehalten.

Zur gleichen Zeit erfreuten sich Tierbeobachtungen großer Beliebtheit. Man stellte nicht nur Vergleiche zwischen Tierarten an, sondern auch zwischen Tieren und Menschen. Man war überrascht von geistigen Leistungen und sozialen Haltungen bei Tieren, wie man sie bisher nur Menschen zugetraut hatte (z. B. Werkzeuggebrauch, Treue) und erkannte am Menschen mancherlei aus dem Tierreich (z. B. Aggressivität, Gewohnheiten). Materialistisch orientierte Forscher fanden es daher einfacher (und überhaupt nicht unangemessen), grundlegende psychische Prozesse wie das Lernen an Labortieren zu untersuchen – die von ihren Gegnern geschmähte „Rattenpsychologie" (s. Kap. 6).

Bis zum 19. Jahrhundert war die Psychologie eine Lehre vom Menschen als Gattungswesen, vom Menschen in seiner Reife und Bestform. Dies ändert sich mit der Romantik, welche in der Natur das Ursprüngliche suchte. Das Kind, der

„Wilde", das Tier rücken damit in den Mittelpunkt der Aufmerksamkeit, zudem die Vielfalt menschlicher Individuen. So ist die Erweiterung der Allgemeinen Psychologie zur Differentiellen Psychologie der Romantik zuzuschreiben. Zudem hat die Romantik das unablässige Werden als Merkmal des Lebens betont. Dass freilich Entwicklung ein steter Prozess der Anpassung an die Anforderungen der Umwelt ist, hat erst Charles Darwin in seiner Evolutionstheorie dargelegt, welche die gebildete Welt geradezu erschütterte. Wie weit also Vielfalt Produkt unterschiedlicher Lebenswelten ist und wie weit seine Abstammung den Menschen bestimmt, ist seitdem in der Entwicklungs- wie in der Völkerpsychologie trefflich zu diskutieren.

Vor allem an der Kinder- und Völkerpsychologie bestand ein gehöriges praktisches Interesse. Verlässliche Daten über die normgerechte Entwicklung in den ersten Lebensjahren waren für Kinderärzte von Nutzen und für besorgte Eltern ein wichtiger Maßstab. Völkerpsychologie diente der Orientierung über ferne Länder, die durch Fortschritte in Verkehr und Kommunikation näher gerückt schienen und die teilweise als Kolonien zu Einflussgebieten europäischer Staaten geworden waren. Von nicht zu unterschätzender Bedeutung waren die Neugier und der Bildungshunger der bürgerlichen Bevölkerung; das 19. Jahrhundert war die hohe Zeit der Popularwissenschaft in Europa. Auch Kinder-, Völker-, Tier- und Persönlichkeitspsychologie haben unter Erziehern, Ärzten, Geistlichen, Verwaltungsbeamten und Kaufleuten ein aufgeschlossenes Publikum gefunden. Mäzene förderten Forschungen (z. B. Expeditionen in ferne Länder) und trugen selbst durch Sammlungen zur Forschung bei (die sogenannte Sammelforschung).

Kognitionspsychologie auf dem Weg zur Neurowissenschaft 8

Als Teil der interdisziplinären Kognitionswissenschaft, welche Informationssysteme erforscht, untersucht die Kognitionspsychologie die geistigen Leistungen des Menschen. Sie wendet sich zunehmend deren neurophysiologischen Grundlagen zu.

An Intelligenz können es Tiere über weite Strecken mit Menschen aufnehmen (s. Kap. 7). Es gibt immer mehr Geräte, deren Funktionen menschlichen Intelligenzleistungen gleichen. Über Unterschiede in menschlicher und tierischer, natürlicher und technischer Intelligenz hinweg stellt sich die Frage nach dem Aufbau und der Funktionsweise von Informationssystemen überhaupt, wie immer sie verwirklicht oder noch zu verwirklichen sind. Aufbau und Funktionen von Informationssystemen sind seit den 1940er Jahren Gegenstand der interdisziplinär angelegten Kognitionswissenschaft (*cognitive science*). Vonseiten der Psychologie haben sich vor allem experimentell arbeitende Forscher (s. Kap. 1) der Kognitionswissenschaft angeschlossen. Die Kognitionspsychologie (*cognitive psychology*) ist seit den 1950er Jahren zur stärksten Richtung in der modernen psychologischen Grundlagenforschung geworden.

Schwerpunkte der kognitionspsychologischen Forschung sind: Das Erkennen von Mustern, Gegenständen und Räumen (z. B. Schriftzeichen, Entfernungen), Begriffsbildung, Urteilen, Schlussfolgern und Entscheiden (z. B. Denken in Analogien, wahr-falsch-Urteile), Problemlösen, Wissenserwerb und Gedächtnis, Sprache und Kommunikation (insbesondere Verstehen und Herstellen von Texten). Oft (aber nicht immer) haben psychologische Forscher zur Beschreibung und zur Erklärung Begriffe aus der Technik übernommen – wie Input und Output, Ist- und Soll-Wert, Informationsverarbeitung, Informationskanal und Informationsspeicher, Feedback (Rückkopplung). Zu den wiederkehrenden Problemen gehörte die Begrenztheit menschlicher Übertragungs- und Verarbeitungskapazität. Einer der ersten Beiträge zur neueren Kognitionspsychologie war der Aufsatz von George A.

© Springer Fachmedien Wiesbaden 2016
W. Schönpflug, *Psychologie – historisch betrachtet*, essentials
DOI 10.1007/978-3-658-11472-5_8

Miller aus dem Jahre 1956 über eine „magische Zahl 7" – die Höchstzahl von Informationseinheiten (z. B. Gesichter, Töne), die Menschen in der Regel verarbeiten (z. B. gleichzeitig beachten, unterscheiden) können.

Zahlreiche Theorien nahmen eine zentrale Verarbeitungseinheit an, die nach einem Vorschlag von Alan Baddeley aus dem englischen Cambridge „Arbeitsgedächtnis (*working memory*)" genannt wurde. Man nahm an: Das Arbeitsgedächtnis hält Informationen nur für kurze Zeit, anders als das Langzeitgedächtnis, das Wissen mitunter über die gesamte Lebensspanne festhält. Dafür ist das Arbeitsgedächtnis ungleich aktiver als das Langzeitgedächtnis. Es unterzieht neu eingehende Information einer Reihe von Operationen; dabei greift es auf Wissen aus dem Langzeitspeicher zurück (z. B. erkennt man das Gesicht eines Freundes wohl erst durch Abgleich mit einem gespeicherten Gesichtsschema). Die Repräsentation von Wissen im Langzeitgedächtnis – deklaratives Wissen über Sachverhalte (Wissen, dass … z. B. Paris die Hauptstadt von Frankreich ist) und prozedurales Wissen (Wissen, wie … man z. B. ein Auto lenkt) – ist ein weiteres großes Thema der Kognitionspsychologie. Modelle wie das „*Human Associative Memory*" genannte von Anderson und Bower aus dem Jahre 1973 stellen Netzwerken aus einfachen Aussagen (z. B. „Julia trifft Horst") dar; sowohl das Verstehen als auch das Generieren von Texten wird dann als Aktivierung von Teilen des Netzes erklärt. Was das Lösen von Problem betrifft, werden einerseits allgemeine Strategien ermittelt, andererseits Algorithmen (präzise Lösungsschritte).

Die Theorien des Problemlösens, der Entscheidungsfindung und anderer kognitiver Leistungen, welche Wissenschaftler entwickelten, wurden immer komplexer. Da zeigten Beobachtungen: Menschen machen es lieber „kurz und bündig". Für Entscheidungen verlangen umsichtige Modelle beispielsweise die Abwägung sämtlicher einschlägiger Argumente, d. h. aller Vor- und Nachteile aller Entscheidungsalternativen. Tatsächlich stellt man fest: Bei vielen Entscheidungen wird mitunter nur ein einziges Kriterium verwendet, nämlich die Vertrautheit mit einer der Alternativen (z. B. „das kenn ich, das nehm ich"); das ist unkompliziert und recht oft erfolgreich. Herbert Simon – er erhielt für seine Studien über Entscheidungen 1978 den Nobelpreis für Wirtschaftswissenschaften – sprach von „eingeschränkter Rationalität (*bounded rationality*)".

Meist sind Aufgaben auf zwei verschiedene Weisen zu erledigen, auf eine mühevolle und reflektierte und eine mühelose, aber unreflektierte. So kann man Sprachen entweder durch aufmerksames Studium ihrer Grammatik und ihres Vokabulars „explizit" erlernen oder durch schlichtes Hinhören und Nachsprechen „implizit". Spontane Einfälle bringen mitunter von Problemen eine Lösung, die man zuvor mit großer Mühe und ausgeklügelten Regeln nicht gefunden hat. Mehrere Autoren – darunter 2004 Fritz Strack und Roland Deutsch von der Universität Würzburg – haben deshalb den Begriff des einheitlichen und dabei von hoher Rationalität geleiteten Menschengeistes verworfen. Vielmehr haben sie zwei verschiedene Systeme angesetzt – das eine impulsiv, d. h. schnell und automatisch, implizit und assoziativ, bildlich und emotional, das andere reflexiv, d. h. langsam und regelbewusst, explizit und bedeutungsvoll, verbal und abstrakt.

Formale Modelle (z. B. Flussdiagramme, Propositionenmodelle) suchten kognitive Prozesse darzustellen. Doch wo und wie laufen diese Prozesse wirklich ab? Mit diesen Fragen hat sich Kognitionsforschung der Gehirnanatomie und Neurophysiologie zugewandt; sie ist damit zur Kognitiven Neurowissenschaft geworden. Als erste Aufgabe stellte sich die Lokalisation kognitiver Funktionen. Ausfälle bei Hirnschädigungen erbrachten die ersten Hinweise. So diagnostizierte der französische Arzt Paul Broca um 1860 bei Patienten mit Sprechstörungen eine Schädigung des linken Stirnlappens der Großhirnrinde. Broca hatte damit das motorische Sprachzentrum gefunden. Inzwischen erlauben Magnetresonanztomographen eine dreidimensionale Darstellung des Energieumsatzes im Gehirn; damit lässt sich die Hirnaktivität bei kognitiven Tätigkeiten verfolgen. Es ist etwa zu beobachten: Bei anzunehmender Tätigkeit des Arbeitsgedächtnisses ist der Stirnlappen der Hirnrinde aktiviert, bei anzunehmender Tätigkeit des Langzeitgedächtnisses der Hippocampus im Limbischen System, einem stammesgeschichtlich alten Teil des Großhirns. Sind es bildlich-räumliche Inhalte, die gelernt und erinnert werden, treten auch Scheitel- und Hinterhauptlappen der Hirnrinde in Aktion.

Mit der Lokalisation von Funktionseinheiten im Gehirn ist freilich erst ein Anfang gemacht. Vor allem steht die kognitive Neurowissenschaft vor einer bisher unüberwindlichen Hürde: Es ist noch nicht gelungen, den Code für Kognitionen im Gehirn zu erschließen (z. B. die Form, in der Bilder ins Gedächtnis „eingeschrieben" sind). Kennt man aber Darstellungen von Bildern, Wörtern usw. im Gehirn nicht, kann man auch nicht die physiologischen Vorgänge bestimmen, denen sie unterworfen sind. Zum Beispiel weiß man nicht, in welcher Form Zahlen im Langzeit- und im Arbeitsgedächtnis wiedergegeben sind. Wie soll man da physiologische Grundlagen von Operationen an Zahlen feststellen – etwa des Erinnerns einer Telefonnummer und des Eintippens der Nummer auf einer Tastatur?

Wie die Bewusstseinspsychologie hat sich Kognitionspsychologie mit inneren geistigen Strukturen und Prozessen (z. B. Aufbau des Gedächtnisses, Abruf aus dem Langzeitspeicher) befasst; sie hat sich nicht auf äußeres Verhalten (z. B. Lernen von Wegen) beschränkt wie der Behaviorismus (s. Kap. 4, 6). Doch von Bewusstsein und seinen Inhalten (z. B. Erinnerungen an Bezugspersonen) war in der Kognitionspsychologie selten die Rede. Sie hat Funktionsanalysen betrieben aufgrund der Messung von Leistungen (z. B. der Zahl richtig erinnerter Aussagen von Texten). Mit ausgefeilten Versuchsanordnungen und Messeinrichtungen, präzisen

Versuchsbedingungen und Messverfahren ist sie dem vom Behaviorismus verfochtenen Wissenschaftsverständnis des Positivismus (s. wieder Kap. 6) gefolgt.

Vollends in das Lager des Materialismus (s. erneut Kap. 6) begibt sich Kognitionspsychologie mit ihrer Wendung zur Neurowissenschaft. In ihrer Überzeugung, kognitive Strukturen und kognitive Prozesse in neurophysiologischen Strukturen und Prozessen wiederfinden zu können, gleicht sie frühen Vertretern des Materialismus. Schon Julien Offray de La Mettrie – wegen seiner Lehren wurde er im katholischen Frankreich verfolgt und fand Zuflucht im Preußen des aufgeklärten Königs Friedrich II. – hat in seinem Werk *L'Homme Machine* aus dem Jahre 1748 den menschlichen Geist als Apparatur in Form eines Gehirns beschrieben. Das Gehirn sei eine symbolverarbeitende Maschine. Aus welchem Stoff eine solche Maschine bestehe, sei unerheblich. Ihre Leistung habe sie nur ihrer Organisation zu verdanken.

Psychologische Tests und die Subjektorientierung 9

Die Begutachtung von Persönlichkeit und Eignung wird zu einer zentralen Aufgabe der Praktischen Psychologie. Die Alternative von subjektiven und objektiven Prüfverfahren spiegelt die Spaltung der Psychologie in eine geistes- und eine naturwissenschaftliche Richtung wider.

Die literarischen Portraits von Sainte-Beuve (s. Kap. 7) gehören zu den Glanzpunkten der Tradition der Charakterdarstellungen. Sie widmeten sich jeweils einer außergewöhnlichen Persönlichkeit, ihrem Umfeld und ihrer Geschichte. Sie nutzten den Reichtum der Sprache, um einerseits die Einzigartigkeit von Personen darzustellen, andererseits ihre Beispielhaftigkeit für einen Typus, d. h. eine bestimmte Kategorie von Menschen (z. B. der Typ des Volkstribuns). Kunstvoller ließ sich Diltheys Ansatz einer Verstehenden Psychologie (s. Kap. 1) kaum verwirklichen! Berufspsychologen (s. Kap. 3) mochten sich solche Meister zum Vorbild nehmen; ihre Gutachten zeugten dann von Feinfühligkeit und sprachlichem Ehrgeiz. Doch Berufsroutine schränkte den Glanz und die Breite traditioneller literarischer Charakterdarstellungen in dreifacher Hinsicht ein: Die zu begutachtenden Personen waren meist recht unauffällig; Gutachten litten oft unter Zeitknappheit; das Ziel vieler Gutachten war beschränkt auf die Hilfe bei anstehenden Entscheidungen (z. B. Bestimmung der Schulreife, Eignung für eine leitende Stellung).

Bahnsen hatte gelehrt (s. Kap. 7) und dafür weite Zustimmung erhalten: Die Fähigkeiten des Menschen sind nur ein untergeordneter Teil des Charakters; entscheidend für den Charakter sind seine „aktiven Kräfte", d. h. Neigungen und Motive wie Ehrlichkeit und Willensstärke. Charakterologische Gutachten konzentrierten sich daher auf Neigungen und Motive. Psychologische Expertise sollte imstande sein, diese im Gespräch mit Probanden, in der Analyse ihres Lebenslaufs und in der Beobachtung ihres Verhaltens zu ermitteln. Einen weiteren, möglicherweise aufschlussreicheren Zugang bot die Tiefenpsychologie (s. Kap. 5). Nach dem

© Springer Fachmedien Wiesbaden 2016
W. Schönpflug, *Psychologie – historisch betrachtet,* essentials
DOI 10.1007/978-3-658-11472-5_9

Vorbild Jungs und Freuds deutete man Archetypen, Komplexe und Verdrängungen, Fehlhandlungen und Versprecher. Außerordentlich einflussreich wirkte in Deutschland Ludwig Klages (s. wieder Kap. 5). Seele – so lehrte er – finde ihren Ausdruck in den spontanen, vom Geist nicht beherrschten Tätigkeiten – vor allem der Mimik, Gestik und Körperhaltung. Psychologische Diagnostik schien demnach am wirkungsvollsten als Ausdrucksdeutung; ihr wichtigstes Material war die fixierte Feinbewegung, die Handschrift. Graphologie – 1875 von dem Geistlichen Jean-Hippolyte Michon in seinem Werk *Système de Graphologie* als wissenschaftliche Methode eingeführt – wurde zu einer beherrschenden Methode der frühen, in Deutschland „charakterologisch" genannten Diagnostik.

Zwar waren Fähigkeiten in der Charakterologie nicht sonderlich hoch angesehen. Doch die moderne Welt verlangte zunehmend die Ermittlung beruflicher Fähigkeiten. Insbesondere die Industrie, Verkehrsunternehmen und die Wehrmacht vergaben Arbeiten für Ungelernte (z. B. Straßenbahnfahrer, Funker); diese waren aus einer großen Zahl von Bewerbern auszuwählen. Eignungsprüfungen wurden zu einem wachsenden Aufgabengebiet für Fachpsychologen. Psychotechnische Prüfungen stellten etwa Handgeschick und räumliche Vorstellung fest (z. B. erhielten Probanden einen Bausatz und sollten daraus das Modell einer Pumpe zusammensetzen). In Prüfstellen der Deutschen Reichswehr mussten Offiziersanwärter eine „Führerprobe" bestehen (dabei hatte ein Proband zwei „Untergebene" bei einem Brückenbau anzuleiten).

Eine weithin beachtete Errungenschaft der jungen praktischen Psychologie war ein Verfahren zur Prüfung der Intelligenz. In Frankreich hat das Erziehungsministerium den Pariser Professor Alfred Binet und seinen Mitarbeiter Theodore Simon mit einer Aufgabensammlung zur Bestimmung der Schulreife normaler und geistig behinderter Kinder beauftragt. Der Grund: Lehrer – ursprünglich mit der Auswahl von Schülern betraut – waren mit einer wachsenden Zahl von Schulanfängern überfordert; die Schulverwaltung musste zudem Sorge tragen, dass alle Kinder nach den gleichen Maßstäben beurteilt wurden. Binet und Simon verwendeten Aufgaben, die – 1905 erstmals veröffentlicht – Grundkompetenzen wie Körperbeherrschung, Artikulation, Sprachbeherrschung und Allgemeinwissen messen und eine Beurteilung des „intellektuellen Niveaus" der Kinder ermöglichen sollten. Das Verfahren von Binet und Simon wurde zum Vorbild für Intelligenzprüfungen in zahlreichen Sprachen und für sämtliche Altersgruppen. „Intelligenz" wurde zu einem zentralen Begriff der Psychologie und über die Psychologie hinaus.

In den USA hat James McKeen Cattell – auch er ein Schüler Wundts – Studierende mit Aufgaben untersucht, wie er sie im Leipziger Psychologischen Laboratorium (s. Kap. 1) kennengelernt hatte (z. B. Geschwindigkeit der Armbewegung, Unterscheidung von Gewichten). Für die praktische Diagnostik haben sich diese

Aufgaben nicht bewährt; die Ergebnisse zeigten jedenfalls keinen Zusammenhang mit „*college grades*". Doch konnte der Autor anhand seiner Untersuchungen zeigen, was er unter einem „objektiven Test" verstand: Eine Prüfung, die hinsichtlich ihrer Anforderungen und ihres Ablaufs festgelegt und deren Ergebnis durch klare Bewertungsvorgaben sowie durch Zählung oder Messung eindeutig bestimmt ist. Die Verwendung objektiver Tests sollte auch bei wechselnden Untersuchern stets gleiche Resultate sichern. Objektivität von Tests schafft notwendige Voraussetzungen für deren Reliabilität, d. h. für gleichbleibende Ergebnisse bei Testwiederholung, sowie deren Validität, d. h. für den Zusammenhang von Testergebnissen mit den vorauszusagenden oder sonstwie zu beurteilenden Leistungen oder Ereignissen (z. B. Schulnoten, Unfallhäufigkeiten). Objektivität von Tests ist weiterhin Voraussetzung für die Normierung ihrer Ergebnisse, d. h. deren Beurteilung nach Altersgemäßheit (z. B. „Kind G. ist in seiner Entwicklung ein Jahr verzögert") oder nach der Stellung in einer Bezugsgruppe (z. B. „Stellenbewerber H. gehört hinsichtlich seiner Intelligenz zu den 10 % Besten in seiner Altersklasse"). Seit Cattels Artikel *Mental tests and measurements* aus dem Jahr 1890 hat sich der Begriff „Test" als Bezeichnung für standardisierte psychologische Prüfverfahren durchgesetzt. Die Standardisierung von Tests erschien vielfach als Garantie für die Bewährung der psychologischen Diagnostik in der Moderne.

Eignungs- und Intelligenztests entsprachen bald den Forderungen der Standardisierung. Mehr Schwierigkeiten bereitete die Standardisierung von Symptomberichten und Anamnesen, d. h. der Erhebung von Beschwerden, ihrer Vorgeschichte, des familiären Umfeldes usw. Doch auch, was man bisher im informellen Gespräch erhoben hatte, ließ sich in Standardform abfragen. Klienten erhielten meist Fragebogen, die sie selbst ausfüllten. Um den Deutungsspielraum bei der Auswertung einzuschränken, wurden oft nur die Antworten „ja" und „nein" oder „trifft zu" und „trifft nicht zu" zugelassen. Zu einem Vorreiter wurde seit den 1940er Jahren das *Minnesota Multiphasic Personality Inventory* von Hathaway und McKinley. Es enthielt rund 500 für die psychologische und psychiatrische Begutachtung einschlägige Selbstbeschreibungen (z. B. „ich weine leicht"). Einer Standardisierung unterzogen wurden schließlich sogar Erhebungen zur Phantasie. In der Schweiz wählte Hermann Rorschach zehn Klecksfiguren aus, die (und nur die) Probanden zur Deutung vorgelegt werden sollten; der Autor gab 1921 genaue Anweisungen zur Auswertung der Probandenantworten. Henry A. Murray (1938) legte in seinem *Thematic Apperception Test* eine Serie von Bildern vor, zu denen Probanden Geschichten erzählen sollten; diese wurden nach einem festen Schlüssel zur Bestimmung von Motiven (z. B. Leistung, Macht) ausgewertet. Tests wie Rorschachs Formdeuteversuch und McClellands Thematischer Auffassungstest sollten zur Projektion, d. h. zur Äußerung innerer, selbst unbewusster Vorstellungen veranlassen; sie wurden deshalb „projektive Tests" genannt. Mit einer Fülle von Fragebogen und projektiven Verfahren wuchs der Bestand der Persönlichkeitstests.

Die psychologische Diagnostik war von Anfang an gespalten. Auf der einen Seite stand das subjektive Vorgehen; Diagnostiker suchten – orientiert an den geisteswissenschaftlichen Ansätzen der Verstehenden Psychologie und der Tiefenpsychologie – die eigene Person mit ihrer Erfahrung und ihrem Gespür als maßgebliches Instrument der Beurteilung einzusetzen. Auf der anderen Seite stand das objektive Vorgehen, vor allem repräsentiert durch Intelligenz-, Eignungs- und Persönlichkeitstests. Nach den Regeln naturwissenschaftlicher Methodik entwickelt, sollte ihre standardmäßige Anwendung verlässliche Qualität gewährleisten. Beides – subjektive Expertise und objektive Methodik – machte man als Ausweis wissenschaftlicher Bewährung geltend. In den Kontroversen über Verfahren der psychologischen Diagnostik spiegelt sich also die anhaltende Teilung der Psychologie in eine geistes- und eine naturwissenschaftliche Richtung wider. Die Verfechter der Testobjektivität argumentieren mit den Vorzügen der Ökonomie, Transparenz und Treffsicherheit ihrer Verfahren. Die Vertreter der Subjektorientierung treten dieser Argumentation mit humanitär motivierter Kritik entgegen: Das objektive Verfahren unterwerfe Menschen einer Einheitsprozedur; allein das subjektive Verfahren erkenne sie als (ganzheitliche, selbstbewusste und freie) Individuen an.

Vor allem aus erzieherischer Praxis, aus Popularphilosophie und -psychologie entsteht die Klinische Psychologie mit drei Therapierichtungen: Verhaltenstherapie, Kognitive und Tiefenpsychologische Therapie. Psychologische Psychotherapie hat die Anerkennung als selbständiger Heilberuf erreicht.

Schon die Philosophie hat sich mit menschlicher Erkenntnis und Moral auseinander gesetzt; dabei war die Abweichung von deren Normen ein wichtiges Thema. Zum Beispiel enthielt das *Lehrbuch der Psychologie als Naturwissenschaft* des Berliner Philosophieprofessors Friedrich Eduard Beneke aus dem Jahre 1845 ein Kapitel über „Seelenkrankheiten", eingeteilt in fixe Ideen, Blödsinn, Manie und Melancholie. Später bewegten die Öffentlichkeit Klagen über Erschöpfungs- und Reizzustände, wie sie der in Graz und in Wien lehrende Psychiatrieprofessor Richard von Krafft-Ebing 1885 in *Über Nervosität* als Krankheit der Moderne beschrieben hatte.

Die Anwendung von Heilmethoden sollte stets der Medizin vorbehalten sein, auch bei psychischen Störungen. Das hat der angesehene Medizinprofessor Johann Christian Reil – von ihm stammt der Begriff „Psychiatrie" – bereits 1808 begründet. Freilich waren es bis zum beginnenden 20. Jahrhundert einfache Mittel, welche Nervenärzte verordneten: Brompräparate zur Beruhigung, kalte, warme oder heiße Bäder sowie Spaziergänge in frischer Luft und Ähnliches. Wohlhabende Patienten begaben sich in die Obhut von privaten Kuranstalten – etwa in das Privatsanatorium Maria Grün des oben genannten Hofrats Krafft-Ebing. Die Erweiterung der ärztlichen Kunst befürwortete der Psychiatrieprofessor Arthur Kronfeld. Wenn psychische Beschwerden auf Fehlentwicklungen der Persönlichkeit beruhen (und das täten viele), dann könnten Patienten sie durch Fortentwicklung überwinden. Der Arzt könne ihnen dabei als „Seelenführer" dienen, als Psychagoge. „Es hilft nichts" – so Kronfeld 1924 in seiner *Psychotherapie* (S. 240) – „in solchen Fällen muß der Arzt mit seinem Besucher ‚philosophieren'." Kronfeld warb für eine Psy-

© Springer Fachmedien Wiesbaden 2016
W. Schönpflug, *Psychologie – historisch betrachtet,* essentials
DOI 10.1007/978-3-658-11472-5_10

chagogik, die sich auf Tiefenpsychologie, Charakterologie und Ethik stützt. Diese Gebiete setzten nun nicht das Studium der Medizin voraus. Auch Nicht-Mediziner wie Pädagogen und Seelsorger konnten sich darin kundig machen.

Es waren zuerst Vertreter der Psychoanalyse, welche eine psychotherapeutische Ausbildung auch für Nicht-Mediziner öffneten. Zentraler Bestandteil ihrer Ausbildung war eine Lehranalyse, d. h. eine Selbstanalyse unter Anleitung eines ausgewiesenen Psychoanalytikers. In Berlin nahm 1920 die erste Psychoanalytische Poliklinik ihre Tätigkeit auf; ähnliche Institute in aller Welt folgten. Dies begünstigte international die Auffassung, nicht-ärztliche Psychotherapie sei keine andere als die psychoanalytische. Doch zu den psychoanalytischen Konzeptionen gesellten sich pädagogisch-psychologische. Der Begriff der Psychagogik war recht breit umrissen, als diese 1941 als Fach in die Diplomprüfungsordnung für Psychologen (s. Kap. 3) aufgenommen wurde. Damit wurden Beratung und Behandlung Teil des Berufsbildes der Psychologie.

In den USA hat die Psychologische Psychotherapie eine eigene Entwicklung genommen, und zwar unter dem Namen „Klinische Psychologie". Der Name geht zurück in das Jahr 1897. Damals hat der Psychologieprofessor Lightner Witmer aus Philadelphia – auch er ein Student Wundts (s. Kap. 1) – seine Idee einer „Psychologischen Klinik" vorgestellt, einer Ambulanz für psychologische Beratung und Therapie, die gleichzeitig als Ausbildungszentrum dient. Bis zu den 1930er Jahren war aus der Idee Witmers in den USA eine „klinische Bewegung" erwachsen. Mehrere Universitäten unterhielten Beratungs- und Behandlungsstellen vor allem für auffällige Jugendliche. Die „klinische Bewegung" brachte – neben den allgegenwärtigen tiefenpsychologischen – vor allem zwei Gruppen von Behandlungsansätzen hervor: Verhaltenstherapie und Kognitive Therapie. Verhaltenstherapien suchten angepasstes Verhalten anzutrainieren (z. B. Modifikation von Essverhalten durch Übung und Belohnung) sowie gegenüber Angst- und anderen Belastungssituationen zu desensibilisieren (z. B. durch Entspannungsübungen vor öffentlichem Sprechen). Kognitive Therapien (auch: Gesprächspsychotherapien) waren bemüht, Klienten Einsicht in ihre Probleme zu verschaffen und ihnen dadurch zur Bewältigung ihrer Krisen zu verhelfen.

Seit den 1950er Jahren werden – vor allem in den USA – Verfahren der Psychotherapie planmäßig an psychologischen Universitäts- und Weiterbildungsinstituten gelehrt und – zunehmend in Privatpraxen – von Fachpsychologen angewandt. Das expandierende Gebiet produziert stets neue Varianten und Kombinationen von Therapiekonzepten und Behandlungsformen (z. B. Gestalttherapie, Humanistische Psychologie, Schematherapie, körperzentrierte Therapie). In Europa ist es in den 1970er Jahren eine neue Generation von Psychologen, die – meist amerikanischen Vorbildern folgend und nunmehr auch dort unter dem Namen „Klinische Psychologie" – Psychotherapie mit dem ganzen Spektrum ihrer Konzepte und Formen zu einem dominierenden Zweig der Praktischen Psychologie macht. So wird in Deutschland Klinische Psychologie bis zum Ende des Jahrhunderts zur personell stärksten Fachgruppe der Psychologie – mit etwa 50 % aller Beschäftigten.

Auf dem Markt für Gesundheitsdienste angekommen, geriet die Klinische Psychologie in einen doppelten Konflikt – in einen inneren Konflikt zwischen den unterschiedlichen Therapierichtungen, in einen äußeren Konflikt mit Konkurrenten aus benachbarten Berufen (und außerdem oft Konkurrenten bedenklicher Herkunft). Vertreter von Verhaltenstherapie, Kognitiver und Tiefenpsychologischer Therapie nahmen je für sich eine Vorrangstellung in Anspruch, wenn sie nicht gar den jeweils anderen Richtungen überhaupt ihre Wirksamkeit absprachen. Den Streit um die meisten Heilerfolge und die höchste Ökonomie wollten Projekte zur wissenschaftlichen Evaluation entscheiden. Groß angelegte Vergleichsstudien (z. B. Grawe et al. 1994) stellten bei Verhaltenstherapien mehr Behandlungserfolge bei kürzerer Behandlungszeit fest, doch Vertreter anderer Richtungen sahen Gründe, dieses Ergebnis in Frage zu stellen. Die Klienten blieben von den wissenschaftlichen Auseinandersetzungen unbeeindruckt; alle Richtungen erfreuten sich reger Nachfrage. Ob nicht überhaupt die Frage nach der Effizienz von Psychotherapie zu kurz greift? Erwarten alle Klienten wirklich immer nur gründliche Heilung in kürzester Zeit? Ist es nicht schon die mitfühlende Begleitung ihrer Therapeuten, die sie suchen? Angesichts der Unergiebigkeit der Effizienzdiskussion und einer befriedigenden Auftragslage sind die Auseinandersetzungen zwischen Vertretern konkurrierender Therapierichtungen zurückgetreten. Umso stärker war ihre Geschlossenheit in Verbänden, deren Ziel es war, der psychologischen Psychotherapie den Schutz und die Förderung als Heilberuf zu verschaffen.

Die Anerkennung der psychologischen Psychotherapie als Heilberuf bedurfte jahrelanger Bemühungen der nationalen Psychologenverbände. In Deutschland und Österreich wurde dazu in den 1990er Jahren jeweils ein eigenes Psychotherapeutengesetz verabschiedet. Das Gesetz bietet Schutz für die Berufsbezeichnung „Psychologische Psychotherapie/ -therapeut/ -therapeutin". Diese Bezeichnung steht nur in Psychotherapie ausgebildeten Psychologen zu, wobei das Gesetz selbst ihre Ausbildung regelt. Damit verbunden ist der Anspruch auf Übernahme von Kosten psychologischer Psychotherapien durch Kranken- und Sozialkassen. In einigen Staaten der USA kommt Psychologen noch ein weiteres, sonst Ärzten vorbehaltenes Recht zu: Die Verschreibung apothekenpflichtiger Medikamente.

Als selbständiger Heilberuf ist Psychologische Psychotherapie zweifellos eine Errungenschaft der Moderne. Ist auch ihre Konzeption das Produkt einer umwälzenden Modernisierung? Ihr außergewöhnlicher Aufstieg in kurzer Zeit und ihre breite Akzeptanz in der Bevölkerung sprechen eher für einen langen Vorlauf in

Pädagogik und Ethik, in Popularphilosophie und -psychologie. Die Prinzipien und Verfahren der Psychotherapie entstammen wohl der Praxis der Erziehung und der Rhetorik der Sinnfindung und Tröstung. Verhaltensmodifikation und Einstellungsänderung wurden schließlich lang genug in Schulen und Pfarreien, beim Militär und anderen Einrichtungen betrieben; den Einsatz von Belohnungen zur Anpassung von Verhalten hat bereits der Utilitarismus (s. Kap. 6) eingehend begründet. Bis zur antiken Philosophenschule der Stoa kann man die Argumentationen zurückverfolgen, mit denen z. B. Aaron T. Beck (1975) in seiner Kognitiven Therapie Klienten mit chronischen Verstimmungen eine realistische Einschätzung und eine rationale Beurteilung der eigenen Lage zu vermitteln sucht. Und wenn z. B. Albert Ellis (1962) mit seiner Rational-Emotiven Therapie Klienten Erleichterung nach Verlusten und Enttäuschungen zu verschaffen trachtet, indem er ihre Wertvorstellungen und Ansprüche als „Irrglauben" herabsetzt, knüpft er an der antiken Philosophenschule der Zyniker an, die Glück durch Verzicht, ja durch Missachtung von Werten erreichen wollten.

Angesichts einer langen und reichen Vorgeschichte erledigt sich die These, Verhaltenstherapie sei aus der Grundlagentheorie des modernen Behaviorismus (s. Kap. 6) hervorgegangen, Kognitive Therapie aus moderner Bewusstseinspsychologie, Kognitionspsychologie und Verstehender Psychologie (s. Kap. 1, 4, 9). Zwar sind einige neue Begriffe aus der Grundlagenforschung (z. B. „operantes Verhalten") in die Therapietheorie übergegangen. Doch im Wesentlichen stammen Übereinstimmungen von experimenteller Grundlagenforschung und therapeutischer Praxis aus deren gemeinsamen Wurzeln in Materialismus und Idealismus. Ebenso hat die Romantik sowie deren Resonanz in der Kunst (s. Kap. 5) den tiefenpsychologisch fundierten Therapien den Weg geebnet. Das Aufspüren von verdeckter Schuld, verborgenem Leid und unterdrückten Wünschen im eigenen Leben – das mag den Reiz eines Romans oder eines Dramas besitzen, in dem Klienten selbst zur Hauptfigur werden.

Gegenwart und Zukunft der Psychologie   11

> Nach dramatischem Wachstum haben sich in der Psychologie Spezialisierungen voll-
> zogen. Fachgebiete könnten sich in Zukunft ganz verselbständigen und Nachbardis-
> ziplinen anschließen. Aufgegeben wäre dann die Einheit des Faches. Der Begriff der
> Psychologie bliebe dann nur eine historische Reminiszenz.

Bis zur Mitte des vergangenen Jahrhunderts waren es auf der ganzen Welt nur einige Hundert (in Deutschland etwa 400), die Psychologie zu ihrem Beruf machten.
Seitdem ist die Zahl der Berufspsychologinnen und -psychologen international auf
über eine halbe Million (in Deutschland knapp 100.000) angestiegen. Mit dem
Wachstum waren erhebliche Veränderungen im Fach Psychologie verbunden, die
in Zukunft voraussichtlich anhalten.

Die Pioniere des Faches suchten den Zusammenschluss; die Divergenz von
Theorien und Methoden hofften sie zu überwinden; die Alleinstellung ihrer Disziplin wollten sie durch profunde Theorien und strenge Methoden sichern. Tatsächlich ist das Ideal eines Allround-Psychologen (s. Kap. 3) einer zunehmenden
Spezialisierung gewichen. Die Spezialisierung erfolgt nach Praxisgebieten (wie
Gesundheit und Wirtschaft), Forschungsgebieten (wie Entwicklungs- und Sozial-
psychologie) und theoretisch-methodischen Orientierungen (wie tiefenpsychologische Therapie und Neuropsychologie). Die an Mitgliedern stärkste Fachgruppe ist
„Klinische Psychologie und Psychotherapie" (s. Kap. 10). Klinische Psychologen
gingen bisher – jedenfalls in Deutschland – aus einem gemeinsamen Studiengang
Psychologie hervor. Pläne, sie zukünftig in einem eigenen „grundständigen" (d. h.
mit dem ersten Fachsemester beginnenden) „Direktstudium" gesondert auszubil-
den, dürften bald verwirklicht werden. Dann ist abzusehen: Die Fachgruppe der
Klinischen Psychologen löst sich vollends aus dem Einheitsverband der Psychologen. Andere Fachgruppen mögen in die Selbständigkeit folgen; die Einheit der
Psychologie wäre dann aufgegeben.

© Springer Fachmedien Wiesbaden 2016
W. Schönpflug, *Psychologie – historisch betrachtet,* essentials
DOI 10.1007/978-3-658-11472-5_11

Anders als von den Pionieren erhofft, haben sich theoretische und methodische Divergenzen (s. Kap. 4, 5, 6) erhalten. Im Wettbewerb um die beste (oder einzig taugliche) Theorie und Methode hat es keinen eindeutigen Sieger gegeben. So haben etwa Anhänger Watsons (s. wieder Kap. 6) den Behaviorismus nicht als Leittheorie der Psychologie durchsetzen können. Es gab ebenso wenig Verlierer, die aus Ausbildung und Praxis völlig verdrängt worden wären. Nicht gelungen ist weiterhin die Integration divergierender Ansätze, wie sie der damals in Wien lehrende Karl Bühler 1927 in *Die Krise der Psychologie* vorhergesagt hatte. Es stellte sich jedoch eine gewisse Gelassenheit in der Anwendung von Theorien und Methoden ein; ein Abrücken von orthodoxen Positionen; eine eklektische Haltung, die gestattete, theoretische und methodische Elemente fallweise mal aus dieser, mal aus jener Richtung zu verwenden, ja diese sogar in der Anwendung auf denselben Fall zu mischen (z. B. verhaltens- und kognitionstheoretische Ansätze). Voraussetzung dafür war eine stärkere Gegenstandsorientierung von Forschung und Praxis, wie sie die Popularpsychologie (s. Kap. 2) vorgegeben hat.

Zahlreiche Wissenschaftler und Praktiker haben eine bemerkenswerte Offenheit für erzieherische, wirtschaftliche und überhaupt gesellschaftliche Probleme (z. B. Inklusion von Behinderten, Gewaltprävention) an den Tag gelegt; Fachverbände meldeten sich schnell zu Wort bei aktuellen Herausforderungen (z. B. bei der Terrorismusbekämpfung). Dem liegen unbestreitbar humanitäre Motive zugrunde. Doch ein maßgeblicher Grund für die Zunahme wissenschaftlicher Projekte zu gesellschaftlichen Fragen ist deren großzügige staatliche und sonstige Förderung. Psychologische Praxis hat von der Professionalisierung der Sozial- und Gesundheitsdienste profitiert, wie sie die arbeitsteilige Gesellschaft hervorbrachte. Steigender Nachfrage folgend, hat sie alte Aufgabenbereiche innovativ ausgebaut und neue (z. B. Notfallpsychologie) erschlossen.

Es sind aber gerade neue und aktuelle Aufgaben, welche die verfügbaren wissenschaftlich erarbeiteten Theorien und Verfahren überfordern. Zentrale theoretische und methodische Positionen verlieren damit an Bedeutung. Angesichts drängender Probleme warten Praktiker nicht auf erhoffte Fortschritte grundlagengestützter Forschung. Um gleichwohl mit Fachexpertise zum Zug zu kommen, werden Einsicht und Innovation in unmittelbarer Auseinandersetzung mit anstehenden Aufgaben erarbeitet. So haben psychologische Untersuchungen Reformprojekte (z. B. Schulversuche) begleitet und dokumentiert. Durch Vergleich von Maßnahmen suchte man „beste Praxis" zu ermitteln. Die unmittelbare Auseinandersetzung mit dem Gegenstand nähert Psychologen anderen Disziplinen an, mit deren Vertretern sie Aufgaben teilen – Klinische Psychologen der Medizin, Organisationspsychologen der Wirtschaftswissenschaft, Kognitionspsychologen der Neurophysiologie. Aus interdisziplinärer Kooperation mag dann eine überdisziplinäre Identität entstehen.

Wachstum – Spezialisierung – Verselbständigung von Fachgruppen – Gegenstandsorientierung mit vermindertem Rückbezug auf zentrale theoretische und methodische Positionen – Inter-, ja Überdisziplinarität: Das ist ein Netz von Bedingungen, welches dem Bewusstsein einer disziplinären Identität, der Identifikation mit der traditionellen Allround-Psychologie entgegensteht. Tatsächlich scheint sich ein Rückgang der Begriffe „Psychologe/Psychologin" und „Psychologie" anzubahnen. Nach traditionellem Verständnis „psychologisch" zu nennende Experten stellen sich jetzt schon gern als Familientherapeuten, Unternehmensberater, Laufbahncoaches oder Hirnforscher vor und werden dies in Zukunft vielleicht regelmäßig tun. Auf den Türschildern einschlägiger Institute werden dann Arbeitsgebiete wie „Mitarbeiterführung", „Emotionsforschung" oder „Entwicklungswissenschaft" stehen.

Soll man also klagen über eine drohende Auflösung der Disziplin der Psychologie? Oder soll man zuversichtlich in eine Zukunft schauen, in der Psychologie als Wissenschaft und Beruf ihre Organisationsstruktur erneuert? Ihre Entwicklung in den vergangenen vierhundert Jahren mag man dann feiern als ein Aufbauprojekt, das zu seinem Abschluss gelangt ist, indem es seinen Auftrag erfüllt hat. Wie erfolgreich war doch Psychologie, mit zunächst spärlichen Ressourcen eine Wissenschaft vom Menschen zu begründen und ihr einen Platz in der modernen Gesellschaft zu verschaffen! Eine konsequente Umstrukturierung wäre es dann und kein schmerzlicher Abschied, wenn die nunmehr beträchtlichen Ressourcen der Psychologie (und damit auch ihre theoretischen, methodischen und praktischen Errungenschaften) auf die neu entstandenen Spezialgebiete verteilt und dort umso effizienter eingesetzt würden. Verblassen dürfte dabei freilich der vertraute Begriff der Psychologie; vielleicht ist er in absehbarer Zeit nur noch eine historische Reminiszenz. Aber der Geist, der Psychologie auf ihrem Weg in die Moderne beflügelt hat, kann unter vielen neuen Namen weiter wirken in die Zukunft.

Was Sie aus diesem Essential mitnehmen können

- Psychologie als Wissenschaft, Psychologie als Berufspraxis – dazu Popularpsychologie: Jede anders
- Bewusstseins-, Verhaltens-, Tiefenpsychologie: Drei Theorien, drei Menschen- und Weltbilder
- Geistes- und Naturwissenschaften, Kognitions- und Neurowissenschaften: Viele Wege führen zu Psychologie
- Erfolgsgeschichten der Praktischen Psychologie: Psychodiagnostik und Psychotherapie
- Viel Neues ist alt, und oft wird Altes neu in der Psychologie: Passen Sie auf, wie das weitergeht!

© Springer Fachmedien Wiesbaden 2016
W. Schönpflug, *Psychologie – historisch betrachtet,* essentials
DOI 10.1007/978-3-658-11472-5

Literatur [1]

Anderson, J. R., & Bower, G. H. (1973). *Human associative memory.* Washington, DC: Winston.

Bahnsen, J. (1867). *Beiträge zur Charakterologie.* Leipzig: Brockhaus.

Bastian, A. (1868). *Beiträge zur Vergleichenden Psychologie: Die Seele und ihre Erscheinungen in der Ethnographie.* Berlin: Dümmler.

Beck, A. T. (1975). *Cognitive therapy and the emotional disorders.* Madison, CT: International Universities Press.

Beneke, F. E. (1845). *Lehrbuch der Psychologie als Naturwissenschaft.* Berlin: Mittler.

Bentham, J. (1789). *An introduction to the principles of morale and legislation.* London: Payne.

Binet, A., & Simon, Th. (1905). Sur la nécessité d´établir un diagnostic scientific des états inférieurs de l´íntelligence. *L´Année Psychologique, 11,* 163–191.

Böhme, J. (1620). *Viertzig Fragen von der Seelen.* Amsterdam: Fabel.

Brentano, F. (1874). *Psychologie vom empirischen Standpunkt.* Leipzig: Duncker & Humblot.

Bühler, Ch. (1933). *Der menschliche Lebenslauf als psychologisches Problem.* Leipzig: Hirzel.

Bühler, K. (1927). *Die Krise der Psychologie.* Jena: Fischer.

Carus, C. G. (1846). *Psyche.* Pforzheim: Flammer & Hoffmann.

Cassirer, E. (1923–1929). *Philosophie der symbolischen Formen (3 Bände).* Berlin: Cassirer.

Cattell, J. McK. (1890). Mental tests and measurements. *Mind, 15,* 373–381.

Dessoir, M. (1902). *Geschichte der neueren deutschen Psychologie.* Berlin: Duncker.

Dilthey, W. (1883). *Einleitung in die Geisteswissenschaften.* Leipzig: Duncker & Humblot.

Ehrenfels, Ch. von (1890). Über Gestaltqualitäten. *Vierteljahresschrift für wissenschaftliche Philosophie, 14,* 249–292.

---

[1] Dieses sind die in den Kapiteln 1–11 genannten Schriften. Zu den aufgeführten Erstausgaben gibt es zumeist mehrere Neuausgaben sowie Übersetzungen.

Eine ausführlichere und chronologische Darstellung der Geschichte der Psychologie mit weiteren Literaturangaben bietet das Lehrbuch (auch als *e-book*): Schönpflug (2013). *Geschichte und Systematik der Psychologie.* Weinheim: Beltz.

© Springer Fachmedien Wiesbaden 2016

W. Schönpflug, *Psychologie – historisch betrachtet,* essentials

DOI 10.1007/978-3-658-11472-5

Ellis, A. (1962). *Reason and emotion in psychotherapy*. New York: Lyle Stuart.

Fechner, G. Th. (1860). *Elemente der Psychophysik*. Leipzig: Breitkopf & Härtel.

Freud, S. (1923). *Das Ich und das Es*. Wien: Internationaler Psychoanalytischer Verlag.

Grawe, K., Donati, R., & Bernauer, F. (1994). *Psychotherapie im Wandel*. Göttingen: Hogrefe.

Hall, G. St. (1904). *Adolescence (2 Bände)*. New York: Appleton.

Hatheway, S. R., & McKinley, J. C. (1943). *MMPI manual*. New York: Psychological Corporation.

Helmholtz, H. von (1879). *Die Thatsachen in der Wahrnehmung*. Berlin: Hirschwald.

Herbart, J. F. (1824/1825). *Psychologie als Wissenschaft, neu gegründet auf Erfahrung, Metaphysik und Mathematik (2 Bände)*. Königsberg: Unzer.

Holbach, P. Th. de (1770). *Système de la Nature*. London: Rey.

Hull, C. L. (1952). *A behavior system*. New Haven: Yale University Press.

James, W. (1890). *Principles of psychology*. New York: Holt.

Jung, C. G. (1954). *Von den Wurzeln des Bewusstseins: Studien über den Archetypus*. Zürich: Rascher.

Kant, I. (1781). *Critik der reinen Vernunft*. Riga: Hartknoch.

Klages, L. (1929). *Der Geist als Widersacher der Seele*. Bonn: Bouvier.

Knigge, A. von (1788). *Über den Umgang mit Menschen*. Hannover: Schmidt.

Krafft-Ebing, R. von (1885). *Über Nervosität*. Wien: Hölder.

Kronfeld, A. (1924). *Psychotherapie*. Berlin: Springer.

La Mettrie, J. O. de (1748). *L'Homme Machine*. Leyde: Luzac.

Lange, F. A. (1866). *Geschichte des Materialismus*. Leipzig: Baedeker.

Lavater, J. C. (1775–1778). *Physiognomische Fragmente zur Beförderung der Menschenkenntnis und der Menschenliebe (4 Bände)*. Leipzig: Weidmanns Erben & Reich.

Lipps, Th. (1903). *Ästhetik*. Hamburg: Voss.

Locke, J. (1690). *An essay concerning human understanding*. London: Basset.

Meumann, E. (1907–1914). *Vorlesungen zur Einführung in die Experimentelle Pädagogik und ihre psychologischen Grundlagen (3 Bände)*. Leipzig: Engelmann.

Michon, J.-H. (1875). *Système de Graphologie*. Paris: Lecuir.

Miller, G. A. (1956). The magical number seven, plus or minus two: Some limits on our capacity of information processing. *Psychological Review, 63,* 81–97.

Moritz, K. Ph., Pockels, C. F., & Maimon, S. (Hrsg.). (1783–1793). *Magazin zur Erfahrungsseelenkunde (10 Bände)*. Berlin: Mylius.

Münsterberg, H. (1914). *Grundzüge der Psychotechnik*. Leipzig: Barth.

Murray, H. A. (1938). *Explorations in personality*. New York: Oxford University Press.

Rorschach, H. (1921). *Psychodiagnostik*. Bern: Bircher.

Scupin, E., & Scupin, G. (1907). *Bubis erste Kindheit*. Leipzig: Grieben.

Skinner, B. F. (1938). *The behavior of organisms*. New York: Appleton-Century-Crofts.

Skinner, B. F. (1971). *Beyond freedom and dignity*. New York: Knopf.

Spranger, E. (1924). *Psychologie des Jugendalters*. Leipzig: Quelle & Meyer.

Stern, W. (1914). *Psychologie der frühen Kindheit bis zum sechsten Lebensjahre*. Leipzig: Quelle & Meyer.

Strack, F., & Deutsch, R. (2004). Reflective and impulsive determinants of social behaviour. *Personality and Social Psychology Review, 8,* 220–247.

Tiedemann, D. (1787). Beobachtungen über die Entwicklung der Seelenfähigkeit bei Kindern. *Hessische Beiträge zur Gelehrsamkeit und Kunst, 2/3,* 313–333/486–502.

Watson, J. (1913). Psychology as the behaviorist views it. *Psychological Review, 20,* 158–177.

Wertheimer, M. (1923). Untersuchungen zur Lehre von der Gestalt II. *Psychologische Forschung, 4,* 301–350.

Witmer, L. (1897). The organization of practical work in psychology. *Psychological Review, 4,* 116–117.

Wolff, Ch. (1738). *Psychologia empirica.* Frankfurt a. M.: Renger.

Wolff, Ch. (1740). *Psychologia rationalis.* Frankfurt a. M.: Renger.

Wundt, W. (1874). *Grundzüge der physiologischen Psychologie.* Leipzig: Engelmann.

Wundt, W. (1900–1920). *Völkerpsychologie (10 Bände).* Leipzig: Engelmann.